U0760149

图书在版编目(CIP)数据

生态正义的价值评价研究 / 董岩著—北京:中国商业出版社，2016.12

ISBN 978－7－5044－9485－6

Ⅰ. ①生… Ⅱ. ①董… Ⅲ. ①生态学－哲学－研究 Ⅳ. ①Q14－02

中国版本图书馆 CIP 数据核字(2016)第 262076 号

责任编辑:蔡凯

中国商业出版社出版发行

010－63180647　www. c－cbook. com

(100053　北京广安门内报国寺 1 号)

新华书店经销

北京市书林印刷有限公司印刷

*　*　*　*　*

787 毫米×1092 毫米　1/16　13.5 印张　200 千字

2016 年 12 月第 1 版　2016 年 12 月第 1 次印刷

定价:30.00 **元**

*　*　*　*

(如有印装质量问题可更换)

前　言

几个世纪以来，在人类中心主义价值观的操控下，人类统治了价值判断准则的制定和价值评判活动，人类中心主义的价值观使得人类为了谋求自身的生存发展，而不惜牺牲人类赖以生存的自然环境。如何调整人类现有的价值观？如何确立一个公平正义的价值评价尺度，并发挥它的评价功能？本书对于生态正义的价值评价问题的论述，深化了环境价值论的理论研究。同时，人类提出的可持续发展观直指人类的生态价值观的问题根源，而生态正义价值评价的研究，正是为人类纠正错误的生态价值观，形成新的生态正义的价值观和思维方式而展开的研究，这对于可持续发展理论的深化，具有积极的推进意义。生态正义关注的重心是人类的生态实践问题，生态正义价值评价研究提出了生态正义价值实现的路径和办法，为人类的生态正义实践提供了有效的理论指引。同时生态正义价值评价研究对于帮助人类建立有效的社会评价机制，并正确处理由于生态危机而引发的社会矛盾，进一步指导人类生态文明实践和形成生态正义的价值观，指导人类正确处理人与自然的关系，具有深远的现实意义。

本书以马克思主义哲学、生态哲学、政治哲学、价值哲学中有关生态正义的理论为研究基础，以主体与客体、主观与客观、行为与尺度、认识与实践的对立统一关系为思维径路，采用规范分析与实证研究相统一，文献研究与比较研究相结合，历史分析与现实研究相呼应的研究方法，在对生态正义价值评价主体、生态正义价值评价客体、生态正义价值评价尺度等论证的基础上，进一步阐释了生态正义价值实现的条件和生态正义价值实现的困境，并最终提出了实现生态正义的途径和措施。本书研究的主要内容如下：

第一，从价值存在论角度，首次对生态正义价值评价主体和价值评价客体加以阐释。在对生态正义价值评价主体的论证中，阐明了在不同生态关系之中，生态正义价值评价主体的利益背景和主观愿望，以及这种背景和愿望对评价主体的

前言

目 录

第 1 章

绪 论

20 世纪 80 年代，在全世界范围内爆发了环境权利保障运动。近年来，随着生态问题对人类生存环境的恶劣影响日益加剧，随着人类对于生态环境问题容忍退让的底线频频被突破，生态问题已经成为全球亟待解决的重大问题。伴随人类受教育范围的扩大和人类文明程度的提高，以及道德要求的提升，越来越多的学者意识到，人类在享受生态利益的同时必须要为人类群体的共同利益做出牺牲和让步。生态问题就其实质来说，不仅是一个技术问题，更是一个社会问题。要解决生态问题，只有从社会正义的层面上来透视其本质，才能找到这一问题的症结所在，才能找到解决这一问题的根本出路。①

生态正义问题的提出，是人类对于自身生存、繁衍、发展和

① 沈晓阳. 自然正义·生态正义·社会正义——对生态环境问题的新思考[J]. 攀登，1995(02)：4－7.

价值实现的问题做出努力。然而生态正义的价值实现却一直是理论界研究的难点，这从现在多发的生态环境问题和国际争论中可见一斑。然而这一问题的解决又有待于确立一个共同的生态正义的价值评价尺度。确立什么样的评价尺度才能得到普遍的认可和支持，这是问题研究的关键。本书从价值存在论的角度，对生态正义价值评价的主体和评价客体进行了论证，阐释了造成生态正义价值实现困境的主观原因和客观原因。从价值认识论的角度，对生态正义价值评价的主体评价尺度和客观评价尺度加以论述，并在此基础上提出了生态正义价值评价的主体评价尺度中的共同评价尺度和差异评价尺度的观点，以及提出了生态正义价值评价客观评价尺度中的制度评价尺度和技术评价尺度的观点。最后，从价值实践论的角度，对人类的生态责任加以阐释，努力通过建立生态正义价值评价机制达到最终实现生态正义的目的。

1.1 研究意义

生态正义的价值评价研究，对于当代可持续发展战略和环境价值论的研究具有一定的理论意义。同时在生态问题日益严重的今天，生态正义价值评价对于人类革新生态价值观，指导人类的生态实践具有重要的现实意义。

1.1.1 理论意义

生态正义的价值评价研究，对于当今可持续发展理论的深化，对于环境价值理论的推进，以及对于正义论的实践，具有深刻的理论意义。

第一，充实了可持续发展的理论研究。可持续发展观是在人类社会面临前所未有的生态危机的境况下提出的，是帮助全人类走出生态保护和经济发展矛盾困境的发展观。可持续发展观直指人类的生态价值观的问题根源，而生态正义价值评价的研究，正是为人类纠正错误的生态价值观，修正在旧的生态价值观的指引下实施的生态活动，并形成新的生态正义的价值观和思维方式，最终实现人类从思想到行动的生态革命而展开的研究。生态正义要求在对人类的行为加以限制和约束的同时，让人类为自己的生态行为承担起对相对人类群体和生态系统的赔偿和补偿的责任，通过对人类的生态行为的约束和生态责任的赋予，使得人类与可持续发展的目标实现越来越近。

第二，深化了环境价值论的理论研究。在人与自然之间，从人类产生伊始就形成了一种对象性的关系，这种关系是自与他的对象性关系和内在与外在的对象性关系。人类何时能从这种对象性的关系中觉醒？这需要经过长期的体验和反思。当人类的自我意识形成，人类就将自己从自然中剥离出来，从此人类就成为自然的“万物的尺度”。而尺度又是用来进行价值评价的标准，有学者把人类的这种对万物的价值尺度，称为地球进化进程中的“创世纪”，人类对万物的价值尺度形成是人类成为人的标志性事件。然而，人类对万物的尺度却让自然在人类的支配下日益边缘化，最终使得自然沦为人类奴役和控制的对象。在人类中心主义价值观的操控下，在“战天役物”的科学思想和科学行动中，人类主宰了自然界的万事万物，也统治了价值判断的准则和活动，所有的生命体和非生命体只有在面对人类时，才得到了其存在的价值和生存的意义。然而，正是人类的这种无视自然、过度的索取的行为，让人类的生存发展遭到了前所未有的生态危机的威胁，也正是人类中心主义的价值观，给人类制造了一系列的麻烦。如何调整人类现有的价值观，如何确立一个公平正义的价值尺度，并发挥它的评判功能，在环境价值论的研究领域内值得我们深入思考。

第三，推进了生态正义的实践论研究。生态正义问题的提出，源于人类的生态危机和生态利益纠纷的现实。生态正义要解决的也是人与自然关系的和谐问题，以及人与人之间的生态利益纠纷和生态责任落实的现实问题。生态正义所关注的不仅仅是抽象的思辨问题，生态正义关注的重心更是人类的生态实践问题。生态正义价值评价研究，在论证了生态正义价值评价主体，阐述了生态正义价值评价客体，阐明了生态正义价值评价尺度的前提下，提出了生态正义价值实现的路径和办法，为人类的生态正义实践提供了有效的理论指导。

1.1.2 现实意义

生态正义价值评价研究能够帮助人类建立有效的社会评价机制，从而正确处理由于生态危机而引发的社会矛盾。生态正义价值评价研究对于人类树立正确的价值观，指导人类正确处理人与自然的关系，具有深远的现实意义。

第一，指导人类生态文明的实践方式。生态正义受到价值评价主体、价值评价客体和价值评价尺度的影响，表现为不同的正义形式，比如国际生态正义、地区生态正义、种族生态正义和代际生态正义等。在面对资源利用不公时，生态正义有利于各方生态利益的协调发展，也有利于减少甚至避免地区冲突。在面对经济发展与生态利益相冲突的情况时，人类的实践方式应该充分考虑对生态的影响，及考虑生态系统的承载能力和恢复的可能性，从而减少或避免自然的“报复”，促进自然与人的和谐发展。生态正义的价值评价研究让人类掌握自己生态行为的界限，帮助人类在自我审视的同时形成符合生态文明的生态实践方式。

第二，促进生态正义价值观的形成。生态正义本质上是一种“公正、和谐”的价值观，是“尊重自然”和“可持续发展”的价值观。实现生态正义意味着要在全人类进行一场深刻的思想变革，意味着要对人类世界观、价值观和道德观的变革，也是对人类行为方式的变革。生态正义的价值评价研究就是要让生态正义的价值观在人类的头脑中扎根发芽，并最终形成生态正义信仰。在对生态正义的信仰之下，让人类实现人类的可持续发展的目标和人类社会的生态文明。

第三，完善生态正义的价值评价机制。人类的现代化进程使得人类的物质文明空前发展，然而，物质文明的发展，却是以牺牲生态利益为代价的发展。生态正义价值评价研究通过建立生态正义价值评价制度，设立生态正义价值评价尺度，以及创立生态正义的网格化和节点式的评价模式，建立了生态正义的价值评价机制，使得“谁受益，谁补偿”、“谁污染，谁治理”的原则切实得以贯彻，使得一切损伤生态环境的行为都能得到应有的惩罚，也能最终使得侵害主体承担起相应的生态责任。

第四，指导全球生态正义协调发展。从20世纪70年代以来，世界各国的环境保护运动如火如荼，同时，发展中国家对发达国家逃避生态责任的批判，与发达国家对发展中国家的生态问题的指责此起彼伏。从世界环境会议中可以看出，全世界都在要求发达国家和发展中国家在生态利益和生态责任方面能够公正地分享和公平地分担。但是，现实是有一些发达国家却在解决国际环境问题上推脱责任，甚至是从根本上缺乏正义感，这些行为给人类国际环境保护运动的推进造成了困扰。研究生态正义的价值评价理论，能够引导全新的生态正义的价值观在世界范围内普遍深入，帮助各个国家在新的生态价值观的指引下处理有关国家间的资源分配和自然风险的分担事务，从而使得国家间的生态利益关系和生态责任关系都能够协调发展。

1.2 国内外研究现状

国内外关于生态正义问题的理论研究，虽然已经积累了一定成果，但是，却一直停留在关于生态正义问题的本质和内涵的研究范围内，少有涉及到生态正义实现问题的研究，即使有与生态正义实现的制度建设相关的研究，却也基本都是点到为止，没有对具体措施做更深入的探索。

1.2.1 国外研究现状

国外关于生态正义问题的研究，没有从价值评价角度系统化的研究，只有与生态正义有关的生态观的研究。

1.2.1.1 生态哲学界关于生态正义的研究

莱奥波尔德(Aldo Leopold)提出的人与自然的“伙伴关系模式”。莱奥波尔德在众所周知的《沙乡年鉴》[①](1949)中提出人类可以在有机自然群落基础上创立一门“大地伦理学”。莱奥波尔德作为生态哲学研究的先驱，他坚持在人与自然的关系中双方是平等的伙伴关系，而不是人类征服自然成为自然的统治者的关系。作为自然的伙伴，人类必须认识到自己的生存和发展是离不开自然这个伙伴的，人类不仅享有获得生态利益的权利，而且人类必须承担起维护生态环境的义务。莱奥波尔德提出的“伙伴论”，既肯定自然对于人类生存和发展必不可少的价值，同时也强调人类对于自然的保护责任。人与自然的血肉相连的紧密关系，需要人类在正确的价值观的引导下，适当处理人与自然的关系，将自己的行为限定在不危害自然的适当范围内，让人类与自然能够和谐共存，共同发展。莱奥波尔德提出的“伙伴关系模式”，刺激了人类对于人与自然关系的认识的变革，而且成为环境道德伦理革命的导火索。环境伦理革命的目的是将人类的生态道德付诸实践。自然是所有生命的承载者，也是一

---

① [美]奥尔多·莱奥波尔德.沙乡年鉴[M].桂林:广西师范大学出版社,1986:102—114.

切生物的缔造者，在自然的母体中，一切元素都有其存在的价值。生态系统中各个物种都是平等的伙伴，每一个物种都应该受到人类尊重。人类在人与自然的关系中的作用，在于保护和建设，而不在于统治和利用。人类应该通过自己的努力来实现人与自然的和谐共荣。莱奥波尔德提出的“伙伴关系”模式是早期种际生态正义研究的雏形。

弗里特约夫·卡普拉（Fritjof Capra）建立了生态世界观，并在他的《物理学之道》（1975）[①]中认为现代经济学的价值观与中世纪末的感性文化的价值观相统一，它致力于物质财富的创造和取得，把经济活动从生态系统中剥离，割裂了经济活动与生态系统的有机联系，仅仅用经济变量来表述经济现象，并制定经济任务方案，这一偏执的研究让全世界都对经济增长痴迷。然而人类无节制的索取和无限度的浪费，随着资源的面临枯竭，让人类的生产和生活越来越难以进行。如果人类能够及时地调整经济增长模式，还是有可能让人类在有限的资源中谋求可持续发展的机会的。弗里特约夫·卡普拉的生态观透视了经济领域的生态正义问题。我们可以看到生态正义问题的研究，不能不顾经济现象折射出的背后的人类的生态利益问题。

彼得·拉塞尔（Peter Russell）提出的“地球觉醒观”。彼得·拉塞尔独具特色的环境价值思想在他的《觉醒的地球》（1982）[②]一书中表露无遗。彼得·拉塞尔把人与自然的关系，形象地比喻为跳蚤和

---

① [美]弗里特约夫·卡普拉. 物理学之道[M]. 北京：北京出版社，1999：10－15.

② [英国]彼得·拉塞尔. 觉醒的地球[M]. 上海：东方出版社，1991：33－38.

大象的关系，跳蚤在大象的身上，从出生到死亡，却一直浑然不知，人类身在自然其中，却没有意识到这点。彼得·拉塞尔把人类社会的协调合作程度低界定为全球性生态危机的原因，认为人与自然的关系必须通过整体论或者生态学世界观进行调整。他还认为只有让人类社会各个成员之间协同合作，才能并肩克服人类共同面临的各种危机。詹姆斯·洛夫洛克(James Ephraim Lovelock)的盖娅假说同米勒(S. L. Miller)的生命系统理论让彼得·拉塞尔看到一个鲜活的地球。彼得·拉塞尔认为地球是一个完整的有机生命，他对于环境价值的整体性研究的目的是为了让人类与自然之间能够彼此亲密、彼此合作。彼得·拉塞尔让人类从对自然的蒙昧中觉醒，并逐渐意识到生态危机问题只能通过人类社会成员之间的通力合作才能解决，全世界成员也应该共同承担起对于生态保护的责任。

宇宙飞船伦理中的生态分配正义。著名的经济学研究者肯尼斯·鲍尔丁 (Kenneth Boulding)在《即将到来的宇宙飞船地球号经济学》(1966)一书中把建立在有限资源的可循环利用基础上的经济模式比喻为封闭的宇宙飞船 。[①] 肯尼斯·鲍尔丁的经济学被称为“牛仔经济学”，原因是牛仔的行为经常是以不计后果地粗暴地征服自然为特征的，而在有限的地球资源的前提下，这种牛仔式的经济行为，总会有一天导致资源枯竭。肯尼斯·鲍尔丁在宇宙飞船伦理中提出，经济的发展和经济模式的建立必须是在资源的可循环利用的基础上。在肯尼斯·鲍尔丁之后，在联合国的报告中，美国的政治学家斯蒂文森(Adlai Ste-

① 黄贤金.循环经济学[M].南京:南京大学出版社,2009:33—45.

venson)把宇宙飞船伦理进一步推演，阐释出了宇宙飞船内有限的资源和飞船的安全与飞船成员生存的密切关系。[①] 继斯蒂文森之后，巴克明斯特·弗勒(Buckminster Fuller)、夫列切特(Schlad J Leo Chet)等研究者进一步归纳了宇宙飞船伦理的观点：一是资源的有限性和污染的极限对于人口和经济增长的限制；二是贫富人口的平等和彼此互助的义务；三是发达国家通过"心灵革命"的方式主动限制资源的利用和主动援助穷人。[②] 从宇宙飞船伦理的观点可以看出，单纯靠"心灵革命"和价值观的变革让人类承担起生态责任和限制自己的生态行为，显然是过于理想化，而且用人类的道德、良心来约束人类的行为，更是难以产生最好的效果。宇宙飞船伦理中关于人类的生态责任和生态义务的讨论是相关学者对生态正义实现问题的思考，尽管不切实际，但是，却也是研究者的有益探索。

G. 哈丁(G. Harding)的救生艇伦理[③]对于生态正义的意义。针对宇宙飞船伦理的软弱的理想主义，作为救生艇伦理的代表哈丁，他认为人类的利己是人类不可回避的特征。因此，仅靠良心和仅靠道德是不能消除人类的贫富差别的，人类也不会主动去把自由主义和有限性的矛盾解决掉。要知道解决自由主义与有限性的矛盾，势必要在合理性的基础上设计解决方案，而"救生艇伦理"就是这一合理方案。哈丁的"救生艇伦理"建议发达国家不要对发展中国家援助，不要接收贫穷国家的移民，因

---

① 黄贤金.循环经济学[M].南京:南京大学出版社,2009:33－45.

② 黄贤金.循环经济学[M].南京:南京大学出版社,2009:33－45.

③ 韩立新.环境价值论[M].昆明:云南人民出版社,2005:159－168.

为一旦接收就会给发达国家带来灾难，一旦援助不仅不会使得穷国摆脱贫穷的命运，相反却让他们会不断依赖援助，让贫穷更加贫穷，并最终连累整个人类的发展。哈丁的理论在自由主义世界迎来了一片赞同的声音，就像当年的洛克菲勒基金会副总裁的内科医生艾伦·格雷格(Ellen Gregg)提出的，人类是地球的癌症的论调，发达国家对于发展中国家的援助无异于给癌变的肿瘤以营养，只能让其加速死亡，这就是"格雷格法则"。救生艇伦理把国家间，尤其是发达国家与发展中国家之间的生态利益关系清晰地表述出来，但是却没有找到正确的解决方案。

整体主义的解决方案与生态分配正义。哈丁的极端利己主义的方案激起了许多正义人士的强烈反对，比如日本学者加藤尚武(かとう ひさたけ)1994 年提出了协调自由、公平的解决方案 。[①] 这个方案要求对全世界所有人的自由和欲望加以约束和限制，在限制自由总量的同时，还要保障个人的自由，显然这是一对矛盾，如果想解决这一矛盾，加藤尚武提出了"对内自由，对外限制"的公式来处理国际关系，以此来实现对国家的生态行为加以约束，并在国家间实现资源的生态分配正义。在国内，则要实行个人的经济自由，通过竞争实现资源的优化配置。加藤尚武在肯定个人自由的前提下，提出了自由和资源有限性矛盾的解决方案，同时为了国家间的资源分配正义以及南北公平问题提出了解决建议。

从传统自由主义到现代自由主义的生态正义。天赋人权是

① 韩立新. 环境价值论[M]. 昆明：云南人民出版社，2005：159－168.

传统自由主义者关注的核心，约翰·洛克(John Locke)在《政府论》(1690)中把人类的自由和财产权看作是绝对的权利[①]，而亚当·斯密(Adam Smith)在《国富论》(1776)中干脆把个人追求利益看成是人的道德要求，而这种追求会促进全社会的福利发展[②]。然而，盲目的和不加限制的自由只会让人类之间的不平等加剧，从而让自由主义的内在矛盾激化。传统自由主义者虽然意识到这一内在矛盾，但是在自由和平等发生矛盾时，仍然还是主张自由至上，反对平等压制自由。罗伯特·诺齐克(Robert Nozick)在《无政府、国家和乌托邦》(1974)中作为自由主义者同样强调自由，把人类的不平等归结为市场经济自发调节的优胜劣汰的结果，主张用政治手段解决贫富差距的问题。[③] 人类只有在尊重自由的前提下才能实现全社会的平等。在生态问题上每个国家都会维护自己的经济发展的权利，却在国际关系中对生态问题的解决上各自行事。比如把中国的草地沙化认为只是中国自己的事情，美国、英国和加拿大不必担心，而同时南美国家在自己领土上的热带雨林砍伐，发达国家也无权过问，同样，如果发展中国家向发达国家要求援助，发达国家也有拒绝的权利。按照自由主义者的逻辑，人类社会不会存在真正的代内正义，因为自由是要付出代价的。对于人类来说，最大的代价就是用地球的毁灭换取自己的自由。

---

① [英]约翰·洛克.政府论(下)[M].北京:商务印书，1996:17－33.

② [英]加文·肯尼迪.亚当·斯密[M].北京:华夏出版社，2009:52－58.

③ 李彬.谁来关怀弱者——也谈诺齐克与罗尔斯之争[J].伦理学研究，2010(04):118－121.

奥雷利奥·佩切伊(Aureno Peccei)和罗马俱乐部提出的“自然极限论”与生态正义。罗马俱乐部的先驱奥雷利奥·佩切伊是罗马俱乐部第一任总裁。在罗马俱乐部的早期阶段，他们主要研究人与自然的关系问题，并把人与自然的关系问题作为全球最为重要的问题，和需要人类解决的最根本的问题。奥雷利奥·佩切伊和他的罗马俱乐部开启了人类对于全球问题的研究，在著名的《增长的极限》(1972)[①]这份报告中，用最真切的数字和图表唤醒了人类对于生态危机的关注。可以说《增长的极限》打破了资本主义社会一直以来用无所顾忌的消耗自然资源的方式滋养他们的物质享受的梦想，促进了资本主义世界对于物质的增长的极限问题展开了积极的讨论，这些讨论推动了全世界自然保护运动的开展。罗马俱乐部的研究提出了人类的生态行为极限，或者说是生态承载的极限，这是人类对于生态正义价值评价尺度的初步探讨。

1.2.1.2 西方生态学马克思主义者关于生态正义的研究

20 世纪 70 年代，美国生态学社会主义者威廉·莱易斯(William Leiss)在《满足的极限》(1976)中论证了工业社会下要控制用自然来满足人类的需要的观点，强烈批判用商品消费作为人类需求的满足，他认为这种需求观是造成人类社会和自然危机的根源。他提出通过建立新的社会制度和需求结构以解决

① [美]德内拉？梅多斯，乔根？兰德斯，丹尼斯？梅多斯.增长的极限[M].北京：机械工业出版社，2013：55－58.

人类需求和自然危机之间的矛盾。[①]

20世纪70年代后期，本·阿格尔(Agger Ben)在《论幸福和被毁灭的生活》(1975)和《西方马克思主义概论》(1979)中发展了威廉·莱易斯的观点，提出资本主义社会的异化消费导致了资本主义经济发展受到了自然资源的限制，从而使得资本主义社会的主要矛盾转变为资本主义生产与生态系统之间的矛盾。[②]同一时期法国思想家安德烈·高兹(Andre Gorz)，在对资本主义社会的经济理性的批判中，把资本主义自利和逐利的本性揭露出来，揭示了资本主义生产的扩张是生态危机发生的根源，论证了资本主义的经济发展模式和追逐过多物质利益的价值观已经突破自然能够承受的极限，认为只有建立社会主义制度才能实现生态的公正。[③]

20世纪80年代詹姆斯·奥康纳(James O'Connor)提出资本主义社会的普遍的分配性正义是不可能实现的，只有生产性正义才能帮助人类实现生态学社会主义。[④] 另外作为北美生态主义思想的领军人物约珥·克沃尔(Joel Kovel)在对资本主义批判的基础上，他提出资本是自然的最大敌人的观点，认为资本主义制度本身是造成生态问题的根源，而社会主义国家由于采用

① 聂文军.威廉·莱易斯的生态学马克思主义伦理思想[J].伦理学研究,2013(04):45－50.

② 冀术明.论阿格尔的“生态学马克思主义”及其借鉴意义[J].攀登,2007(05):123－125.

③ 李先悦.批判经济理性和重建生态理性—论安德烈·高兹对生态危机的新阐释[J].理论界,2014(06):41－43.

④ 张美君.生产力·生产关系·生产条件——评詹姆斯·奥康纳的生态学马克思主义理论[J].生产力研究,2013(04):66－68.

的工业优先生态的原则，因此，也造成了自己的生态问题，只有建设生态学社会主义才能解决人类社会的生态危机。[①]

20世纪90年代大卫·佩珀(David Pepper)在对现代环境主义的批判中，他认为改良的环境主义和激进的环境主义只能是人类的美好的设想而根本无法实现，只有把社会主义的原则注入到环境活动中才能够真正的实现生态保护的目标。而资本主义制度是生态危机的根源，资本主义社会无法回避生态矛盾，只能通过掠夺和战争才能缓解这一矛盾。[②]约翰·贝米拉·福斯特(J. B. Foster)提出资本主义社会的政治和经济制度是环境问题产生的深层社会根源，只有通过阶级力量的努力，才能解决资本和自然之间的冲突。这一思想把环境正义运动和社会正义运动相结合，为全世界的生态正义的实现形成有力的推动。约翰·贝米拉·福斯特深化了马克思的“新陈代谢断裂”理论，在分析了自然和社会的物质变换结果和在资本主义条件下“新陈代谢断裂”的全球化之后，他提出了生态可持续性的观点，以及从劳动者联合与生态可持续性之间的联系的角度，提出了人与自然和谐共存、共同发展的生态问题观。约翰·贝米拉·福斯特通过对资本主义的本质的批判，对资本扩张性的剖析，对资本主义生产方式的反对，论证了资本主义制度反生态的本质属性。除此之外，约翰·贝米拉·福斯特还提出了生态革命的思想，倡导建立生态学社会主义的社会形式，然而约翰·贝米拉

① 王秀彬.约珥·克沃尔生态社会主义思想研究[D].南京:南京财经大学,2012:22-25.

② 李富君.重返人类中心主义与生态社会主义的构建——佩珀的生态学马克思主义思想评析[J].河南大学学报(社会科学版),2008(03):54-59.

·福斯特过分地夸大了生态学的力度，导致生态学社会主义的形式脱离现实，并最终难以实现。①

生态学马克思主义者在充分品读了马克思的生态正义观点后，在理论研究和实践的基础上，认真地推演出了自己的生态正义观点。生态学马克思主义者关注全社会的公平正义，而不仅仅只关注生物间的平等正义，同时把生产性正义作为研究的重点。生态学马克思主义者开始注意生态正义的实践研究，这是难能可贵的。生态学马克思主义者在对资本主义制度下的异化消费的批判中、对资本主义制度下的生态殖民主义的批判中、对生态帝国主义的批判中，尤其是对人与自然的关系的观点的批判中，初步形成了自己的生态正义理论 。② 生态学马克思主义者把生态正义作为社会正义研究的重要内容，关注生态权利和生态义务。通过批判，生态学马克思主义者丰富了资本主义的批判理论，同时生态学马克思主义者用自己的方式唤起了人类对于生态问题的关心，并且为全世界的生态文明的建设汇聚了各国的力量。然而很多研究者提出疑问，认为在资本主义社会，追逐经济利益是根本宗旨，若想真正实现生态正义是不可能的。

1.2.1.3 正义论者关于生态正义的研究

美国出版的《环境正义论》(1998)的作者彼得·S·温茨将环境正义运动的思想与经济学理论相结合，他提出环境正义的

---

① 李月.生态马克思主义述评[D].沈阳:辽宁大学,2013:3—5.

② 王宽,秦书.生态学马克思主义对生态危机的破解及其引发的争议与启示[J].科技管理研究,2015(01):33—35.

实质是资源的分配正义的观点。[①]彼得·S·温茨认为要解决环境和正义的问题就必须从生态学和正义论中找出有用的价值为己所用。同时彼得·S·温茨在分析了财产权、动物权、人权、德性、正义等理论的基础上，构建了环境正义的理论体系。

功利主义的分配正义。功利主义者关注的是分配的正义，杰里米·边沁(Jeremy Bentham)作为功利主义的创始人，他提出平等的原理是无论贫富，无论地位，无论种族，都要平等的尊重。[②]功利主义者把提升整个社会财富的总量作为解决现实社会的不平等的途径，这就是经济学领域中经常做的比喻，即通过做大蛋糕的方式，以提高公平分配蛋糕的机会。分配正义必须通过制度来确定、固定、表述和保障，通过从总量上提升财富来保障分配正义的实现。事实证明人类随着科学技术水平的提升，越来越多的物质财富被创造出来，但是物质财富总量的增加也并没有给人类带来分配上的正义。功利主义原理中的平等和功利之间的论断也存在矛盾。比如平等强调的是单个人类主体之间的权利平等，而功利却希望实现最大多数人的幸福。然而，最大限度的利益的追求对于社会财富的公平分配是不可能保障的。比如发达国家的工业废气被森林所吸收，这会让周围的人都受益。因此，周围的人就应该保护森林，防治滥砍滥伐，让大家继续享受新鲜空气的利益。也许阻止发展中国家砍伐的行为会让发展中国家的经济受到打击，但这就是功利主义的正

① [美]彼得·S·温茨.环境正义论[M].上海人民出版社，2007:7－24.

② 龚群.对边沁、密尔为代表的功利主义的分析批判[J].伦理学研究，2003(04):55－63.

义要求。所以，想依靠功利主义去解决生态问题，及与之有关的人类社会的矛盾并达到公正，是不可能成功的，因为功利主义才是造成生态问题的根本原因。

现代社会著名的约翰·罗尔斯(John Rawls)的正义论。在代内正义的问题上，自由主义和功利主义都没有圆满地解决代内的各利益主体之间的纷争，而罗尔斯的正义论提出的“作为公平的正义”，以平等的视阈探讨了人类在处理人与自然的关系问题上所遵循的准则，并为解决人类之间利益分配和责任分担方面的问题指出了方向，同时也给人类处理国际生态利益关系和南北生态利益纷争做出了指引。约翰·罗尔斯的正义论包含两个正义原则：一是自由平等的原则，即每一个人所享有的权利平等，而且这种平等的权利是指享有与其他人相似的具有最广泛的自由体系的平等权利。二是少数人的利益最大化的原则，即当处于不平等的社会地位时，或者经济上的安排不平等时，如果此时与正义的诸原则不相背，并且完全一致，那么则适用最少的受益者获取最大的利益的原则，或者在机会公平的前提下，把职务和社会地位向所有人开放，也就是对于所有人获取职务和地位采取机会均等的原则。[①]约翰·罗尔斯还认为，在他的正义理论中，正义的原则要按照重要程度排列优先采用的顺序，也即机会均等的原则要放在差异的原则前，把平等的原则作为利益分配的前提。约翰·罗尔斯的研究主要是为了处理分配公正的问题，而分配公正牵涉了自由、权利、义务和报酬等因

---

① 石元康.罗尔斯[M].桂林:广西师范大学出版社,2004:41-67.

素，约翰·罗尔斯继承了传统契约论的思想，提出了关于公平式公正的理论，这个理论是在约翰·洛克(John Locke)、让—雅克·卢梭（Jean—Jacques Rousseau)以及伊曼努尔·康德(Immanuel Kant)的社会契约论的基础上提出的。约翰·罗尔斯把自然状态描述为原初的境况，而这原初境况包含了主观条件和客观条件。主观条件是契约立约者的动机、知识和信仰，以及契约者的有限理性。立约者在立约时其动机纯粹是自利的，同时约翰·罗尔斯为了让立约者了解自己的需要，并争取自己的利益，提出了基本有用物品的理论。客观条件则主要指有关物质资源所有者和立约者之间的合作。在自然资源有限的现实世界中由于无法满足所有立约者的需求，因此，需要立约者合作立约。约翰·罗尔斯认为资源的有限性和人类的自利本性，是促使正义问题产生的重要因素。在其设定的原初境况中，每个人都是自由和平等的，人人都可以根据自己的意愿自由分配资源，这就是约翰·罗尔斯的公平式的公正。

综观国外对于生态正义问题的研究，尽管许多学者都看到了生态危机的严重性，并且也认识到了生态问题解决的紧迫性，也挖掘出了导致生态问题的根本原因，同时提出了生态正义的实现需要社会革命和人们价值观的变革的观点。但是在提出解决生态问题的方案时，由于受到时代和社会制度的局限，其方案主要针对代内正义中的国内正义和国际正义。这些方案要么过于理想主义，要么过于功利主义，真正能够成为普遍的实现代内正义的理论的研究，要数生态学马克思主义者的生态观和约翰·罗尔斯的正义论。然而，生态学马克思主义者在研究生态正义的问题上，又陷入了对资本主义制度批判的狭隘的境地。单从社会制度来看，社会主义国家也没有摆脱生态危机的问题，相反，社会主义国家仍然在经历当年资本主义发达国家在发展中遇到的问题。因此，生态正义的实现最根本是需要对人类的头脑进行一次大的价值观的风暴，使得人类自己从内心积极主动地去解决生态问题，实现生态正义，进而限制自己的自由和进行利益的割舍。相比之下，约翰·罗尔斯的两个正义原则在全社会的普适性要大得多，但是在两个正义原则在实践中的适用上，却仍存在很多问题。

1.2.2 国内研究现状

我国学者分别从种际正义、国际正义和国内正义的角度，分析了国内外对于生态正义的研究现状。另外，关于生态正义的责任主体和实现生态正义的办法的研究，国内学者也提出了自己的观点。此外，国内并没有依托价值评价理论来系统论述生态正义问题的研究成果，只有少许关于环境正义的研究散见在环境价值论的论著和有关正义理论的研究著述中，目前可见的有方巍的《环境价值论》(2004)，韩立新的《环境价值论》(2005)，李德顺的《价值论》(2007)，齐亚红的《消费正义论》(2008)，张斌的《环境正义理论与实践》(2009)，陈若松的《科学发展观的价值论思考》(2012)，王羽的《生态困惑的正义诉求》(2012)，唐鹏的《马克思主义实践的生态正义研究》(2014)，郎廷建《何为生态正义——基于马克思主义哲学的思考》(2014)，《生态正义与生态文明——一个马克思主义哲学价值论的研究视角》(2014)，《生态正义何以可能》(2014)，《生态正义的三重维度》(2015)等。

方巍在《环境价值论》中论述了新型人与自然关系的和谐统一。[①]作者从经济学视角出发，以环境价值为研究对象，在研究过程中，作者发现当人类面临经济发展和环境保护相矛盾的情况时，人类更加需要把环境价值努力实现。作者从实践的角度研究与传统工业化模式相区别的、能够体现环境价值的、可持续的发展模式，也指出这个新兴的可持续发展模式需要人类变革传统价值观，从传统价值观中剔除对于人与自然关系发展不利的因素，从而树立新的时代之下的新型的环境价值观。论文中提到的社会发展模式的重塑或创新，必须建立全新的环境价值参照系，从而让人与自然的关系发生新的变化，并且这种变化是人与自然之间的和谐统一的发展。作者论文的第五部分论述了环境价值的互动论，并且阐释了环境的污染和环境的保护在环境价值中彼此之间的相互作用力，建立了正价值模型和负价值模型，并对新型的环境价值中的代际关系和代际利益的转移进行了研究。在论文的第六部分，作者提出了环境价值的核算论，在归纳了以往的环境核算中存在问题基础上，提出了以价值分析为基础的环境价值核算的框架。在论文的最后一部分，总结了自 20 世纪 90 年代以来，中国的环境污染状况，和中国政府采取的环境保护措施及措施的实施结果，并在环境再生产的基础上，把劳动和资本和环境分别加以分析，提出了中国特

① 方巍.环境价值论[D].上海:复旦大学,2004:8－21.

色的实现环境价值的、不间断的、持续的增长的思路。方巍尽管提出了变革传统价值观、树立新的环境价值观的观点，但却没有明确提出树立什么样的新型环境价值观。

韩立新在《环境价值论》中作了关于代内正义和代际正义的研究。[①]韩立新在研究中提出，环境伦理的核心课题有三个，即自然权利、环境正义和社会变革。韩立新认为环境正义的核心问题是人与人之间的伦理关系的问题。韩立新在关于代内正义的问题的阐述中认为，在现实情况下，自然资源有限，如果不能对自然资源进行有效的公平分配，如果不能就生态责任进行正义的责任分担，那么生态正义就不可能从根本上实现。现在的环境问题成全球化和规模化的爆发趋势，因此，要解决这个世界性的难题，就必须在全世界大多数人之间实现公平。要实现代内正义，首先要确立最基本的人类的伦理原则，把资源公平享有和政策的公平性，作为代内正义实现的基础。韩立新还认为，代内正义还要解决两个问题，一是用什么标准来合理地对有限的自然资源进行分配，用什么样的准则来界定环境污染的生态责任的承担？二是如果在人类的公平、自由还有权利的理念发生矛盾时，用什么办法来排列他们之间的优先次序？要想实现代内正义，必然要解决这两个问题。韩立新在代际关系的研究中表示，无论是对于当代人还是对于后代人，环境正义都是有其意义的，代际正义存在于当代人和后代人之间。在自然资源有限和承载空间有限的前提下，如果在当代就把有限的石

① 韩立新.环境价值论[M].昆明：云南人民出版社，2005：149－206.

油、天然气、煤炭、稀土等资源就用尽了，那么几百年后或者几十年后，地球可能就会面临无资源可用的境地。同样，如果当代人毫无节制地释放废气、排放废水，在几百年或者几十年以后，地球就不再是个适合人类居住的行星。当代人无节制的行为实际上是对后代人的犯罪，因为我们剥夺了后代人的生存机会，现在的伦理学急需建立起代际伦理，建立起一个对后代人负责任的代际伦理。韩立新对于代内正义和代际正义的研究虽然进行了一系列的思考，但是在生态正义实现的困境和手段上后人还有做出深入研究的空间。

李德顺教授在《价值论》(新版)中作了关于环境价值与环境的价值的关系，以及人类的生态行为尺度的研究[①]。李德顺教授在对于环境价值的论述中，虽然没有直接以生态正义或者环境正义进行表述，但是有关价值冲突与当代文明的论证中隐含了关于生态正义的内容。在对“环境价值”和“环境的价值”进行比较的基础上，作者把环境正义内化于环境价值的内涵中，作者在环境价值的问题上表现出对于主体性特征的关注，认为在对环境价值的研究中不可缺少对于主体角度的分析。在我们的现实社会上有两个值得关注的矛盾体:一个是多元主体与一元主体之间的现实矛盾。另一个是环境价值与其他价值之间的博弈与协调。在同一时间和空间内，处于不同的发展阶段的国家或者地区甚至民族，自然环境对于这些多元主体具有不同的价值。每一类主体都有自己的利益需求，当其行动时就会从自

---

① 李德顺.价值论(第二版)[M].北京:中国人民大学出版社,2007:144－148.

己的实际需要出发。因此，不同利益主体的多元化需求，会导致不同的生态立场。李德顺教授认为“环境价值”的本质是要求从整体的、全局的角度开展人类的一元化的合作与协调，并保障环境价值的实现。在主体多元化和一元化的关系上，李德顺教授看到了人类在实现环境价值上面临着十分艰难的处境。然而他也坚信全世界人类在共同面对生态危机，在共同的生态利益受到威胁时，能够就环境价值达成共识。正是出于此等推断，李德顺教授把人类和生态合为一个整体，反对把人类整体机械分割，他认为人类也要担负起整体的责任。李德顺教授同时也反对把自然单独从空间上割裂。世界上任何国家、地区、组织、民族和种族中都有环境价值的问题，但是除了环境价值的问题，还交织着经济、文化、政治和军事等等价值，人类需要把这些价值都兼顾，把这些价值平衡协调起来。因为人类在不同的时间、空间条件下，会有不同的价值需要和价值选择，在对这些价值按照需要程度排序时，也是在价值选择的过程中，人类的主体价值观和相关的能力，以及社会条件都会体现出其作用。尽管环境价值想要真正的实现，这其中的困难不只一二，但是我们也坚信每一种人类主体都会努力实现所有其需要的价值，并且让这些价值和谐统一。就如在环境保护和经济发展这两个价值的矛盾与平衡中，人类致力于既能保护环境，又不会让经济发展停滞，努力让这两个价值目标彼此契合。李德顺教授提出，这个契合的尺度不仅仅是哲学研究领域的问题，同时也是自然科学、经济学等领域的共同的问题，也是当今可持续发展的大目标下环境价值实现的极富挑战性的任务。

齐亚红在《消费正义》中对人类的资源消费权利的平等性进行了论述[①]。齐亚红在《消费正义》论文的第三部分阐述了消费正义的当代意义，以及消费正义的价值理念，并且提出消费主体平衡各种关系的指南就是消费正义的理念。消费正义的理念包括了以人为本的理念、和谐共存的理念、可持续发展的理念和适度消费的理念，还有最重要的公平正义的理念。其中以人为本就是所有的消费活动都要把人类的尊严及人类的发展和人类的自由作为出发点和归宿。任何人的消费活动不能侵害他人的消费权利，也不能影响全社会的正当的权益实现，在此前提下满足人类的生存需要和发展需要。同时，人类的消费权利和消费义务也要公平地分配、公平地赋予。和谐统一的理念倡导人类的消费行为要用整体的、不间断的以及不割裂的视角来进行自我反思，同时对消费结构进行优化，消费观念进行更新，消费方式进行变革，最终实现人类的消费活动与社会与自然环境共同发展。适度消费的理念则是要求人类在消费时，既要达到质的要求，也要达到量的要求，从而进行适度的消费。在适度的时间，为了适度的目的，在适度的境况下，在适度的关系中，用适度的方式进行消费。而可持续性消费的理念，却让消费能够更具发展性和更具持续性。

张斌在《环境正义理论与实践研究》中论证了人类的环境正义及其实现[②]。张斌在全球化的基础上，从“类”的角度出发，

---

① 齐亚红. 消费正义[D]. 北京：首都师范大学，2008：53－68.

② 张斌. 环境正义理论与实践研究[D]. 长沙：湖南师范大学，2009：33－45.

寻求人类全体的生存发展和文化价值观的变革，以及人类生存方式的改变。同时作者通过哲学伦理的视角，对环境正义的内涵，以及环境正义的实践进行研究，也从环境正义的自有属性、环境正义的基本原则和环境正义表现方式的各个方面，论述了环境正义作为"类"的正义的条件。作者在环境正义作为"类"的正义实践性论述中，关注生态文明的建设和环境正义的实现，并且关注人类的主体责任的落实。

陈若松在《科学发展观的价值论思考》中对人类的科学发展的价值诉求进行了阐释[①]。作者在他的论文中描述了科学发展观的价值特点，提出人的本性才是科学发展观的本质属性，也就是人类的本质需求是在科学发展观所允许的范围和尺度内自由地、自觉地行动。人类的全面发展的素质要求是自由的活动能力的全面发展。科学发展的价值的本质是实现人类的自由活动，而社会主义的本质原则就是绝大多数人的全面发展。科学发展的价值在其形成的路径上的特点是实践性。科学发展观的价值诉求具有的时代特点是全面的、协调的和持续的。科学发展观的价值诉求的方法特点是和谐性。在陈若松的论文中，在对科学发展观的价值诉求的研究中，注重价值主体的整体性研究与个体性研究的统一，注重人的自由活动的目的和人的自由活动的手段的统一。作者在对于环境价值的客体的研究中，他认为其价值目标是实现人类的素质和生态文明共同发展。而价值诉求的思维方式也表现出了多面性、差异性、持续性的和谐统一，并且在价值形成的途径上，达成了价值诉求的实践与目的以及

① 陈若松.科学发展观的价值论思考[D].武汉:华中师范大学,2012:22—60.

规律性的统一。作者同时指出价值的评价检验存在不确定性和确定性的因素，科学的发展观需要从原则上把握价值诉求的思维路径和价值本质的发展前景，同时执政者们和社会公众则需要在中国国情的基础上对科学发展的价值实现途径做出抉择。

王羽在《生态困惑的正义诉求》中对生态正义的实现进行了研究[①]。王羽在对生态学马克思主义的关于生态正义的观点加以研究后论述了实现生态正义的具体办法。首先，要在坚持马克思正义观的基础上，把生态行动和社会主义相结合。其次，让社会主义革命在资本主义阵营爆发，从而实现生态正义。第三，让生态正义在和谐社会的构建中彰显。第四，在环境外交活动中，实现生态正义，让补偿制度也能够在正义的原则下施行。最后，要在全世界通力合作的前提下实现国际公平。

唐鹏在《马克思主义实践的生态正义研究》中梳理了生态正义提出的背景和生态正义的内涵。在对生态正义观的中西哲学比较研究的基础上，作者论证了马克思主义自然观的生态正义启示，提出了生态正义的主体能动性、对象客观性和社会历史性三个规定性，并对生态权利的实践和中国生态文明的建设提出了自己的观点。[②]

郎廷建在《何为生态正义——基于马克思主义哲学的思考》[③]中以马克思主义哲学为基础提出生态正义的含义是一种生产

① 王羽.生态困惑的正义诉求[D].长春:吉林大学,2012:22－27.

② 唐鹏.马克思主义实践的生态正义研究[D].西安:西北大学,2014:10－15.

③ 郎廷建.何为生态正义——基于马克思主义哲学的思考[J].上海财经大学学报，2014(05):8－10.

关系正义，这个正义是以资源分配为中心的正义，并指出生态正义有三个基本特征，即多样性、动态性和相对性的特征。在《生态正义与生态文明——一个马克思主义哲学价值论的研究视角》[①]中，作者论证了生态正义与生态文明的关系，即在人类追寻生态文明的过程中，对自己的行为方式的反思产生了生态正义，生态文明与生态正义之间是相互促进的关系。在《生态正义何以可能》[②]中，作者论述了人类的整体利益和人类的长远利益，是促成人类与自然之间平衡和谐的重要评价标准，也是生态正义得以实现的重要工具。在《生态正义的三重维度》[③]中，作者提出了生态正义的三重维度，也即时间、空间和权力这三个维度，并分别从纵向角度和横向角度界定了生态正义所调整的不同的社会关系。

总体上，国内学者对于生态正义的价值问题的研究，仍然主要集中在代内正义的问题上，在对代际正义问题的研究上只有少许的涉猎。对代内正义的论述关注的焦点主要是人类发展权利、环境补偿和环境责任的承担等问题；对代际正义的著述集中体现在对后代人自然权利、环境价值的界定和补偿办法的研究方面所做的努力。然而，尽管大部分学者都看到生态正义问题的实现是一个人类的价值观领域的问题，但是并没有人尝试通过价值论这一路径来探寻实现生态正义的办法。因此，本人

① 郎廷建.生态正义与生态文明——一个马克思主义哲学价值论的研究视角[J].内蒙古社会科学(汉文版),2014(06):38-43.

② 郎廷建.生态正义何以可能[J].马克思主义哲学研究,2014(10):304-312.

③ 郎廷建.生态正义的三重维度[J].青海社会科学,2015(07):21-26.

拟在价值论体系之内来探讨生态正义问题，并以此作为博士毕业论文的研究主题。

综合国内和国外对于生态正义问题的研究情况我们可以看出，在人与自然关系的研究中，国内和国外的学者们经历了几代人的不懈努力提出了生态正义的理念，在生态正义实现的研究中，国内外的学者也提出了有实践价值的观点。尽管如此，当前的生态危机引发的社会问题仍然没有得到有效的解决，甚至在一定范围内更加严峻，究其根本原因就是人类价值观中对于生态价值的认识程度不够，在代内正义和代际正义的解决问题上没有达成共识，没有形成共同认可的价值评判尺度。因此，树立人们的生态正义价值观，平衡多元主体的生态利益，形成共同的价值评价标准和尺度，对人类的生态行为进行合理评价，是人类最终实现生态正义的价值目标，即实现人类的可持续发展和生态文明的目标的必要准备。总之，实现生态正义的价值目标，是当前我们研究者应该努力的方向。

1.3 研究的内容和方法及创新点

本书关于生态正义价值评价研究的主要内容采用的研究方法，及在前人研究的基础上对于生态正义问题做出的突破和创新点如下。

1.3.1 研究的内容

本书以生态危机下人类社会的生态利益和生态责任的矛盾

关系作为切入点，对生态正义问题进行系统的价值论分析，论文思维路径如下：先阐述了生态正义的价值评价问题的研究背景，并以此为起点展开对生态正义内涵的界定和价值目标的探寻工作。在论证了生态正义的价值评价主体的利益诉求的基础上，对生态正义的价值评价客体予以阐述，进而提出不同的评价主体的差异评价尺度，和不同的评价主体的共同评价尺度的观点。最后在对生态正义价值评价主体、客体和尺度研究得出结论的前提下，努力探索实现生态正义价值目标的路径和办法。生态正义价值评价研究对生态正义理论和环境价值论，以及可持续发展理论的推进具有重要的理论意义，对人类的生态保护和人类生态利益的协调等，具有广泛的现实意义。

第一章导论部分系统地阐释了有关生态正义研究的国内和国外的现状，从中找出有关生态正义评价和生态正义实现的研究的不足，从而找到本书研究的突破口，同时论证了生态正义研究的理论意义和现实意义，并阐释了关于生态正义的研究主要内容、方法和创新点。

第二章阐述了生态正义价值评价研究的背景，包括论证了生态正义的内涵，及其产生和发展的过程，生态正义问题与价值论研究的理论渊源，生态正义价值与其他社会价值的矛盾冲突，以及生态正义价值实现的研究所遇到的困难，并揭示了生态正义价值目标的内容及发展变化的规律。

第三章阐明生态正义的价值评价主体，通过借鉴价值的主体性研究的思想，对生态正义的价值评价主体进行划分，分为种际生态正义的评价主体、代际生态正义的评价主体和代内生态正义的评价主体。代际生态正义的评价主体研究，又包括当代人对当代人影响代际关系的生态行为的评价的主体性研究，后代人对当代人影响代际关系的生态行为的评判的主体性研究。代内正义的评价主体研究包括国际生态正义和种族生态正义以及贫富群体生态利益关系的评价主体的主体性研究。

第四章将生态正义的价值评价客体进行论证，并描述了作为评价客体的各种生态利益关系的发展现状，包括利益纷争中的代内关系，努力实现的代际关系，和可持续发展的种际关系。其中代内关系还分为国家间的生态利益和生态责任关系，种族间的生态利益关系，还有贫富群体之间的生态利益关系。在代际关系中，重点阐述了当代人的生态行为界限和对当代人的生态行为结果评价，以及当代人的生态责任的承担。在种际关系中，论文阐述了人类和其他物种之间的对立统一关系，以及人类与生态系统的相依相偎关系。

第五章在对生态正义的价值评价主体和价值评价客体研究的基础上，提出生态正义的主体评价尺度和客观评价尺度。其中主体评价尺度还由于受到主体的主观愿望和客观利益需求的影响，形成了不同主体的价值评价的差异尺度，和不同主体的价值评价的共同尺度的思想。生态正义的客观评价尺度摒弃了主体的主观影响，形成了用以确定生态行为正确与否的制度评价尺度，和用以界定人类生态行为界限的技术评价尺度。生态正义的评价主体的共同评价尺度和客观评价尺度，可以平衡不同生态正义评价主体的差异尺度，最终为人类生态正义的实现形成统一的评价尺度。

最后，第六章在综合了上述研究成果的基础上，研究了生态正义的价值目标实现问题。生态正义的价值实现是生态正义价值评价研究的终极目标，生态正义的价值实现有其必要性，同时，生态正义的价值实现也有其可能性。但同时我们必须在充分认清楚生态正义价值实现的障碍之后，才能够探寻生态正义价值实现的路径。

1.3.2 研究的方法

本书在研究的过程中阅读了大量文献，并且采用比较与综合的研究方法和一定的实证分析的方法，对生态正义的价值评价进行了深入的论证。

首先，文献研究的方法。根据生态正义的价值评价研究内容，通过调查国内和国际有关生态哲学和环境价值论及生态正义方面的文献来获得资料，从而全面地、正确地了解并掌握该问题研究的历史和现状。

其次，比较与综合的方法。通过比较与综合的方法，探寻生态正义理论的思想源泉，主要是对有关生态正义研究的各个主流学派以及中国学者与生态正义相关的思想脉络进行比较与综合，以价值论为依托，开展生态正义问题的研究，并做到推陈出新。

最后，在规范分析的基础上，展开实证分析。论文从价值论的角度，对生态正义问题进行规范性研究，同时对目前的生态问题和社会问题的现状和原因，进行了剖析，对如何实现生态正义的价值目标进行了论证。

1.3.3 本书的创新之处

生态正义的价值评价研究，既是一个理论问题，更是一个实践问题。通过该问题的研究，可以促进可持续发展战略得以落实。论文在充分反思生态正义的内涵的基础上，对引发生态危机的价值观的问题进行剖析，从对生态正义价值评价的路径中，探寻生态正义价值实现的办法，并在以下问题上有所创新：

第一，从价值存在论的角度，论证了生态正义的价值评价主体与生态正义的价值评价客体。论文在总结梳理生态正义理论、生态哲学和环境价值论研究发展脉络的基础上，剖析导致生态正义的价值实现困难的根源，提出生态正义价值评价主体的利益纷争难以避免，生态正义价值评价尺度的主体性设定，以及生态正义价值评价活动的主体影响叠加，是造成代内正义和代际正义难以实现的主观原因。论文在对以上问题的剖析和研究的基础上，推进了生态正义价值实践的研究进程，使生态正义的思想得以系统化和整体化。

第二，从价值认识论的角度，阐述了生态正义的价值评价尺度。论文提出了不同人类主体的共同评价尺度，和不同人类主体的差异评价尺度的设想，基于价值分析，努力使得共同评价尺度和差异评价尺度，在不同的情境下都能够得到统一。论文提出生态正义的制度评价尺度和技术评价尺度的双重尺度的观点，并将其应用于生态正义的价值评价。用生态学规律和科技手段帮助实现生态正义下人类生态利益的分配和生态责任分担的目标设定，以及人类生态行为界限的划定。

第三，从价值实践论的角度，论文在对代际关系的研究中完成对当代人的论证，并对当代人进行了责任的划分和限定，提出了实现代内生态正义和代际生态正义的途径，并创设了生态正义的价值实现机制。论文强调从不同的价值评价主体的角度着眼，从共同评价尺度和差异评价尺度入手，对人类主体的生态行为加以评价。通过加强国家间的合作和完善社会法律制度促进代内生态正义的实现，通过国家税收制度和生态基金制度以及限制和补偿的治理模式的构建，促进代际生态正义的实现。论文大胆的提出代际关系的评价模式，即通过运用制度评价尺度和技术评价尺度的评价活动，搭建节点式、网格化的评价模式，从而使得生态正义找到实现的路径。论文倡导在生态经济时代之下，通过对人类生态行为的价值评价，在全社会树立起对生态正义的信仰。

第2章

生态正义与生态正义价值评价

何为正义？中外学者曾对于正义做出了种种的解说。正义是人类对于资源利益的公平诉求，正义是人类权利的平等希望，正义是人类尊严和社会地位的平等要求，正义是人类对于社会责任的公平需要，正义是人类社会的理想设定。在不同的社会制度下，这种理想被从不同的利益层面进行解读。正义指法治或合法性，也即法律正义。正义也指一种公正的体制。庞德认为，正义意味着对关系的调整和对行为的安排，以使人们生活得更好，满足人类对享有某些东西或实现各种主张的手段的需求，使大家尽可能地在最少阻碍和浪费的条件下得到满足。[①]罗尔斯说有各种不同的正义问题，而人类作为生态系统的成员之一，其他物种与人类共享生态资源，如何平衡人类社会成员之

① 王洪龙.试论正当业务行为正当化的根据与价值[J].湖南工业大学学报(社会科学版)，2012(02):85—88.

间及人类与其他自然物种之间的生存发展的权利，则属于生态资源分配平衡的正义问题。笔者将结合学者们的观点，在尊重生态系统平衡的基础上，对追求人类的生存和发展的生态正义进行价值分析和论证。在对相关的制度进行反思的基础上，构建生态经济时代下的生态资源分配正义秩序和生态责任的分担正义秩序，以及生态风险共同应对的正义秩序。

生态正义问题的提出，与愈演愈烈的生态危机密不可分，面对人类持续恶化的环境问题，今天作为理论研究者的我们，有必要、也有义务研究这个问题，并为这一问题的解决提供理论指引，因为这是我们这一代研究者不可推卸，也推卸不了的社会责任。中国作为发展中国家，唯 GDP 的经济发展方式，给中国的自然环境带来了重创，在及时认识到人与自然的不可分割的辩证统一关系后，我们开始了环境立法和环境政策的制定工作。尽管我国的绿色政治主张已经越来越得到政府的支持，绿色立法行动近些年也有了很大的进步，政府也投入了一定的资金，但是距离可持续发展目标的实现，仍然任重而道远。

2.1 生态正义概念及其特征

当人类的欲望超过人类所能控制和拥有的资源，生态正义的问题就在正义问题中凸显出来。当人类群体中至少一部分群体必须放弃其所想要拥有的利益时，基于正义理念的一个社会契约，或者是社会制度，就具有了现实的可能性和必要性。没有生态正义的社会契约或者社会制度，对稀缺的自然资源的分配，难以保证公平、公正，更有可能使人类会为了争夺资源而不择手段。即使生态环境还没有达到人类无法生存的境地，对于人类的生态行为加以约束，也是十分有益的。就如让·雅克·卢梭在他的《社会契约论》(1762)中所坚持的"社会秩序来源于共同的、原始朴素的约定"。[①]为了保护生态，人类可以自愿地缔结社会契约，或者通过生态保护制度的制定，而约束人类自己的行为。同时人类必须遵守这个共同的社会契约，如果不能自觉自愿地遵守约定，那么就只能采用必要的社会制度的强制的手段让人类就范。

2.1.1 环境正义与生态正义

理论研究中存在"生态正义"和"环境正义"两个概念，这两个概念的含义，既有联系，也有区别。从正义概念的沿革中可以探知，先有"环境正义"的概念，后来才有了"生态正义"的概念。生态正义的概念是从环境正义的概念中分野出来的新的概念，这种分野是伴随人类对于人与自然关系的认识的不断深化而实现的。在对人与自然的关系的认识中，人类在近代采取的是主客二分法的认识方式，并提出了人类中心主义的思想。这种人类中心主义思想将自然作为人类的认识对象，也作为人类行为指向的客体，把自然当作是满足人类需求的资源库。环境正义主要是指人类的环境资源分配和环境风险分担的公平，以及人类在分配资源和分担自然风险中所处的平等地位。

① [法]让·雅克·卢梭.社会契约论[M].陕西人民出版社，2006:35－40.

但是，随着人类工业进程的推进，人类行为给自然造成的伤害加剧，臭氧层变薄甚至出现空洞，全球变暖和冰川融化，PM2.5空气污染指数超标，地下水面临干涸，矿藏枯竭，树木和草场大面积消失……人类对把人与自然关系用主客二分法加以认识的方式和对待的行为进行了反思，并发现这样的认识方式忽视了自然的自身价值，同时，发现了人类的不可回避的自私自利的本性。于是，人类社会开始逐渐有人提出自然中心主义的思想。自然中心主义这一思想把自然的地位提升的同时，赋予了自然和人类以外的生物与人类具有同等的生存权利和平等的生态地位，同时也提出人类与其他物种都是属于生态系统内部的平等元素。人类没有为了自己种群的生存和发展而危害其他生物种群的生存利益的权利，人类应该与所有的生物种群一起，平等地分配生态资源，并且要保障其他生物种群与人类获得公平的资源分配份额的权利。于是，在这样的历史条件下，“生态正义”的概念就脱离了“环境正义”的概念，并获得了新生。

生态正义问题的产生，折射出人与自然关系变化而形成的新的格局。与环境正义不同，生态正义是生态危机加深，和人类对人与自然关系的反思的深化的体现，生态正义关注的是自然资源和生态危机在人类之间的公平分配，以及生态责任在人类之间的平等分担。生态正义跨越国界、种族、物种和时代，于是就产生了国际生态正义、种族生态正义、种际生态正义、代际生态正义和代内生态正义等问题。这些涉及国家、种族和物种的生态正义问题，让生态学家、社会学家、政治学家、哲学家、和法学家纷纷在各自的领域中展开了深入的讨论，并汇聚成为关于生态正义的理论流派。

在资源供给充足的条件下，人类根本不会关心资源如何分配的问题，因为在这批资源消耗殆尽之后，还会有资源补充上来。任何人、任何人类群体，都会获得充足的资源的满足，无论资源如何分配，都不会让人类感到自己的利益受到侵害。而在资源供给不足的情况下，人类就会想尽一切办法确定资源分配的方案，并确保资源分配结果的公平。因为如果分配方案不能让所有人满意，必然会引发人类利益群体的纠纷乃至争斗。人类不断地在资源的分配中寻求的答案，人类努力不懈的目标就是生态正义。密歇根大学法学院教授詹姆斯 E · 克利尔（James E. Crill）把着重于分配的诸理论所关注的重心归结为，那些在利益与负担存在稀缺与过重的情况时应如何进行分配的问题。以人类对水源的需要为例，水是生命延续不可或缺的元素，然而，水资源的分布状况却是非均衡的。如果处在水资源丰沛的地方，就不会存在资源争夺的现象。相反，只有在水资源匮乏的地方，才会引起人类为了满足资源需求而发生的争斗。也只有在水资源匮乏的地方，人类才会想出许多精细复杂的方案解决人类的水资源需求的分配正义问题。比如在法律制度较为发达的美国，在缺乏水资源的地区会有一整套错综复杂的法律制度来确定分配方案。但在水资源比较充足的英国某地区，当地居民只需按季度缴纳污水处理费和水厂费，并且费用固定，不依用水量变化而改变，而且实际上也根本没有水表进行计费。

就像约翰 · 罗尔斯所说的，只有在资源有限性和人类自利性这两个条件同时存在时才需要正义来解决人类之间的利益纠纷。在资源供应相对不足的时候，人类更关注的是自己所得到的资源份额是否公正。为了得到公正的分配份额，人类会达成协议，并制定制度，以解决人类之间的资源分配的正义问题。社会资源的分配正义需要两个条件的设定：第一个条件是想获得分配稀缺资源的人，一定十分在意自己的所得，并且对于自己是否能够获得公平的分配份额要求严格。比如在干旱的季节，人们期望通过政府的公用事业获得水资源的公平分配。水对于人类的生存和生活意义重大，无论这个人品格多么高尚，也不希望自己所获得的水量比其他人少。因此，如果依靠人类的道德无法解决稀缺资源的分配问题，那么只有生态正义才能让资源的公平分配找到出路。另一个条件是拿来分配的资源所使用的具体制度和办法，只对于能够分配给人类的资源才具有现实意义。也就是不能分配的资源，无论对其设定多么完美的制度，都毫无意义。以日照资源的分配为例，这一资源根本无法按照人类的意志加以分配，人类在这些资源的分配上没有控制能力。只有人类具备分配能力的情况下，资源的分配正义才有实现的可能。

人类社会需要明显公正的社会制度，如果没有这样公正的社会制度，那么可能会导致人类为了保护自己的资源分配权利而互相争斗。如果是无政府的状态，那么所有人的利益就更无法得到保障了。因此，依靠暴力争夺资源的结果，只能是遭到更暴力的对待。所以，人类必须要在公正的社会制度下才能更好地生存，也只有在公正的社会制度下，才能够获得公平的资源分配。人类要维护生态正义，必须要让渡自己的部分权利，限制自己的行为，从点滴的日常行为中做起。比如在高速行驶的车中不扔出垃圾、香蕉皮等，减少私家车出行，节约用水，节约用电，少用或者不用不可降解包装等污染环境的行为，不要小看这些微不足道的行为，因为如果把这些日常行为造成的微小的污染集中在一起，那么给人类社会和自然的伤害就可能会是严重的创伤。人类每分钟生存都会产生垃圾和污物，我们的生活方式和生产方式，更加不可避免地产生种类纷繁的对自然污染的废弃物，如果人类不设法解决污染问题，如此下去，人类最后就只能在满是垃圾的环境中艰难求得生存。所以，对于人类行为的限制和对人类权利的约束，既是人类生存的必要，也是自然保护的需要，更是生态正义实现的要求。

无论是人类个体，还是人类群体，设想人类在完全自愿的情况下，限制自己的行为，甚至让渡自己的部分权利，去成全人类整体的生态利益，这样的情况在现实生活中一定会遇到重重阻碍和困难。因此，人类需要严谨的社会法律制度帮助人类完成权利的让渡和利益的诉求。法律规范与生俱来就具有强制特征，当人类个体或者部分群体，不愿为了共同的生态利益让渡权利，甚至一味地放任自己的行为而不加约束，那么无论其行为是否对生态造成了实际的损害，他们的行为也已经违背了人类共同的生态正义的理念。所以，即使没有实际的损害结果，但由于其行为违背了人类的生态正义精神，我们也要强制其承担起应该承担的赔偿、补偿乃至接受处罚的生态责任。国家是法律制度强制力的施行者，国家拥有的暴力机器能够协助国家统一国民的思想和行为。一个维护生态正义的国家会通过军队、法庭、监狱和警察这些国家机器，强制那些不愿意让渡权利的、自私的人，按照人类共同的生态利益而行动。当然，用暴力的方式统一人类的行为，在某些情况下是必要的，但也是暂时的。如果人类想要以暴力完全取代正义在人类社会中的作用，那是不会长久的，也是不应该的。人类为了共同的生态利益，还需要达成长远的、在自愿基础上的合作。并且只有在人类之间达成广泛的、普遍意义上的生态正义的共识，才能促成生态正义的理念在人类的制度和行动中得以沉浸和彰显。

现代的人类社会必须依靠强大的社会秩序帮助社会成员伸张社会正义。如果没有有效的社会秩序，那么社会正义将无法维持。所以，人类社会的秩序必须是强大的，并且是正义的，这样才能维护社会成员的共同利益。人类个体或者人类群体之间，一定会存在一些利益分歧，这些分歧具体是什么，大多数人其实并不十分清楚，而且人们也可能会对不止一个、两个观点表示反对或者赞成。即使人类深信社会的某些方面是非正义的，也不会去追随少数人进行的激进的社会革命，那是因为他们更相信社会的大多数方面还是可以被认为是公正的。而且，倘若人类因为局部的不公正，而去破坏社会整体秩序，只会产生更多的非正义的现象发生。智慧的人类相信，不通过激进的社会革命，也一样可以改良现有的社会秩序。这就是在政府的指导下进行有针对性的改革，在改革中取得进步。因此，在现代社会中，维持现有的社会秩序，让人类认同社会制度的正义性与合理性，是必须的，也是必要的。尽管国家的暴力机器可以帮助政府推进包含人类共同的生态正义的社会制度，但是他们只能是政府执政的辅助手段，人类政府只有清醒的认识到这一点，才会努力去培育自己人民的发自内心的精诚合作的社会精神。

正义问题从来就没有远离环境、生态领域，人类必须保持谨慎的态度，以便及时地应对来自资源分配和生态责任的分担中发生的事件。只有如此，人类才能保证资源分配权利和资源利用权利的协调，才能促进人与自然的关系和人类利益群体之间的生态关系的和谐发展。有限的自然资源与相对多数的利益群体在一起，如果有些利益群体在资源的分配中获得了较多的自然资源，那么就说明一定有群体在资源分配中取得的资源少了，也就说明在此次的资源分配过程中没有实现生态正义。每个人都想获得公正的资源分配份额，每个人都期望得到正义的对待。为了保障每个人平等的生态权利都能得到正义的保护，人类制定生态正义政策和相关制度就十分必要。而生态正义制度必须让所有的人都要做出一定权利牺牲，那就是限制自己的生态行为自由度，并让渡部分的生态权利交给生态正义的价值评价者，这样才能保证自己的大部分生态权利得以实现，也能够保证大家共同的生态利益的实现。同时，生态权利与生态义务是不可分割的，生态法律制度必须将两者完美的结合并阐述出来，如果这些生态法律制度不能维护人类整体的生态正义，而是偏袒于某些利益群体，那么退出历史舞台一定是他的最终命运。

2.1.2 生态正义与生态价值

生态正义是人类社会的价值元素之一，与生态正义相关的另一价值元素便是生态价值。生态正义价值与生态价值之间，既有联系又有区别。生态正义价值与生态价值的联系，在于人类对于生态价值的追逐不可避免地会引发矛盾，利益上的争议往往说明权利和义务上的不公平、不对等，若想调解这一矛盾，生态正义就表现出了其存在的意义。而生态价值是指生态系统、生态物种和生态环境对于人类的意义和有用性，是生态自身孕育生命、滋养生命和点亮文明的意义所在。生态价值对于人类的意义，在于供应人类赖以生存的水资源、空气、食物和防寒衣物等等。比如人类需要喝水维持生命，还需要用水洗澡、洗衣和洗食物。没有水，人类的生活会十分不便；没有水，生命就无法延续；没有水，人类就无法生活。而除了人类的生存需要，水对于人类的精神需要和文化传承也是不可或缺的。有了水，才有人类海阔凭鱼跃的畅游梦想；有了水，才有了人类的海上贸易和文明的传递。既然水对于人类有如此丰富的意义，作为最重要的生态资源之一，水的生态价值必然让所有人类都对它趋之若鹜。然而，随着淡水资源越来越少，而且干净的淡水也越来越珍贵，人类群体内部就会因利益分歧而分裂。争吵、争夺和战争让人类社会和人类文明都面临着考验。如何解决这一人类社会的危机？如何在人类社会内部建立起合理利用水资源、公平分配水资源的生态秩序？此时，生态正义价值就应运而生了。由此可以看出生态价值是生态正义价值产生的前提，没有生态价值也不可能存在生态正义价值，生态正义价值是生态价值实现的保障。

然而，生态价值和生态正义价值又是彼此相对独立的两个概念，他们虽然共存于人类的价值体系之内，但是，所代表的意义各不相同。生态价值是生态系统、生物和环境对人类的满足和哺育的意义所在。而生态正义价值则是生态正义秩序之于人类社会的定纷止争的功能和意义。在生态价值面前，人类所表露出的态度、反应和行为，都是人类最真实的内心表现。是贪婪，还是满足？是索取，还是保护？人类在生态价值面前对自己的需求毫不掩饰。生态价值能够验证人类的求生欲望和求生信念。在生态价值面前，人类为了生存可能会不顾一切，可能会不择手段，也可能会四分五裂，更可能会团结一致。在追寻生态价值的道路上，人类表现出来的种种的可能性，皆为生态利益的诱因所致。人类为了达到实现生态利益的目的而产生的利益纠纷、利益争议、和利益争夺，让人类的社会秩序受到了巨大的冲击。而为了维护人类社会的正常秩序，让每个人的正当生态利益都有保障，让所有人的生态诉求都有伸张的途径，于是生态正义价值就成为了既生态价值之后的、人类必须的价值追求。可以说，人类对于生态价值的追求，衍生出了生态正义价值，生态正义价值是人类为了追求生态价值所做出的必然选择。

关于生态正义的内涵，笔者认为，所谓生态正义即人与人之间的自然资源的分配和生态危机的分担，以及生态责任的承担，以及人与其他物种的资源分配和生存权利的平等与公正。在人与自然的关系中，本书就是在承认人类生态利益的前提下，认可自然存在物的价值，通过理性调节人类对于资源的需要实现人与自然的和谐共存，以及人类群体之间生态利益的协调。因为人类对于自然的情感和人类脆弱的道德要求，以及人类赋予生物的虚无的生物权利，并不能从根本上让人类找到生态系统紊乱和自然资源濒临枯竭的解决办法，也不能让人类的生态利益纠纷得以有效的解决。所以，只有在正视人类需求和自利天性的前提下，让人类敢于直面自己的不足，甚至是人性的缺陷，才能够有针对性、有目的性、有步骤和有计划地遏制自己的不合理需求，限制自己的过度消费，让人类能够真正的实现生态正义。

2.1.3 生态正义的基本特征

生态正义作为人类对于生态利益分配公平的诉求，作为人与自然和谐共存的价值追求，自生态正义提出伊始就凸显了其社会正义的本质属性，以及相对正义属性和形式多样的属性。

2.1.3.1 生态正义的社会正义性

国内学者韩立新认为，环境正义的核心问题是人与人之间的伦理关系的问题。[①]生态正义的本质属性是其社会正义属性，生态正义所反映的问题绝不仅仅是单纯的人与自然的关系的问题，生态正义自始就与人和人的社会关系密不可分，从本质上来看，生态正义就是关于“人”的正义。因此，在探讨生态正义价值评价的问题上，必须要聚焦生态正义的“人”的特征，才能使得研究不偏离正轨。生态正义价值评价的研究是在尊重生态系统平衡的价值观的前提下，强调在人的需要和在以人类整体为中心的、人与人的关系基础上，对人类的生态行为加以分析评价。生态正义是在以人类的生存和发展需要为出发点和归宿的基础上保护生态资源，而不是把人类发展与保护自然相互割裂、相互抗衡。人类在寻求自身发展和生态保护二者相互协调的过

① 韩立新.环境价值论[M].昆明:云南人民出版社,2005:149—206.

程中，正在努力实现人类之间的生态正义。生态正义并非是让人类放弃自己的生存利益和发展利益，也并不是让人类只顾自己的生存发展而无视群体利益。生态正义价值与其他的价值元素一样，无法剥离其价值的主体性。即使是在同一种条件的生态环境下，由于经济发展水平不同、种族不同和贫富程度不同，最后的生态正义的价值评价结果也会受到影响。生态正义的价值评价的目的是实现生态正义的价值目标，而生态正义的价值评价离不开人类，生态正义的价值目标的实现也离不开人类。全世界人类在生态正义的本质属性问题上必须达成共识，这个共识就是生态正义的本质是人类的社会正义。如果不能达成这个共识，人类就不可能真正实现生态正义的价值目标。

2.1.3.2 生态正义的相对性

生态正义的基本内涵不会随着时代的变迁而发生改变。无论处于什么样的社会条件之下，生态正义的本质都是人与人之间的社会正义，生态正义是人类的生态利益诉求。然而，由于身处不同的生态关系之中，生态正义所调整的是不同的生态利益群体之间彼此妥协和抗衡的关系。在不同的生态利益关系中，生态正义的相对利益群体不同，其利益诉求也会不同。因此，生态正义的具体表现形式不同，内容也不同。在代际关系中，生态正义是当代人和后代人对于共同生态利益的主张；在国际关系中，生态正义是国家与国家之间的生态利益诉求和生态责任的分担；在种族关系中，生态正义是种族生态利益需求的协调和种族生态责任的调节。我们可以发现，生态正义的相对性属性是指生态正义可能会随着时间的推移连接起前代人和后代人的生态利益和生态责任;也可能会随着空间的转换连接国家与国家的生态命运;也可能会随着人类评价视角的选择，把地处不同国度的同一种族的生态利益相连;或者把同一国度内的贫富群体的资源共享和生态责任分担相接;或者把同一国度的不同民族团结起来，共同应对生态危机，共同分享生态利益。

2.1.3.3 生态正义的形式多样性

生态正义的表现形式具有多样性的特征。这是因为生态正义本是人类社会的多种价值中的一员，研究者在价值论的体系下研究生态正义，会受到价值评价主体多元、价值评价客体复杂、价值评价尺度标准化、以及价值实现制度化的影响，生态正义表现为多样的正义形态，具体为代际生态正义、国际生态正义、种族生态正义和种际生态正义等。这些不同的生态正义表现形式是不同的生态利益关系下的生态正义精神和内涵的延伸。由于生态正义所处的社会关系不同，在不同的生态关系中，生态正义的价值评价主体不同，其评价结果也不可能相同。在不同的生态正义价值评价活动中，其评价的客体也十分复杂。比如在代际关系中，生态正义的价值评价客体是当代人的生态行为对代际关系的影响，而这个影响既包括给当代人的生态利益带来的有利或者不利的影响，又包括对后代人生态利益的积极的作用和消极的作用。在不同的生态关系中，生态正义价值评价制度的内容不同，生态正义价值评价尺度也各不相同。比如在国际正义中，生态正义价值评价制度和价值评价尺度为国际条约和国际法律，而在种族正义和贫富群体之间的社会正义中，生态正义的价值评价制度和评价尺度则根据种族纠纷所处的范围，又分为国际规则和国内规则。总之，对生态正义概念的解析和特征的梳理，可以为人类找准生态正义的实现路径打下坚实的理论基础。

2.2 生态正义与价值论

生态正义需要对环境变化进行价值判断，而人与自然的关系直接影响到我们对涉及自然的行为做出的选择，道德的判断和环境保护的决策。在人与自然的关系中，人类所做出的权衡与取舍而引发的一系列的现象，都属于价值评价的范畴。可以说生态正义问题本身，一开始就与价值论密不可分，这是因为价值本身就是一个“以人为中心，以人为尺度描绘出来的天地”[①]。在人类的社会实践活动过程中，人类的无时无刻都在改造自然，最终使得自然成为了“人化”的自然和“属人”的自然。因此，在生态正义的价值评价活动中，“人”作为评价主体，围绕“人”而设定评价尺度，以“人”为本的价值实现，这些都体现了人类的影子。

“价值”一词本身是经济学领域的词汇，自在经济学领域诞生伊始，价值就携带了人们对于物质的渴求和期盼。何谓“价值”，价值是“多、少”，“好、坏”，“对、错”“意义”，“代价”等，而“正义”的含义，天生就承载了“好”与“坏”，“对”与“错”的评价与判断。价值指引我们表示好恶、明辨是非、选择或者放弃。价值指引我们做这件事情，或者做那件事情。价值是人类的主观

① 李德顺. 价值论(第二版)[M]. 北京：中国人民大学出版社，2007：6－7.

精神对于客观世界的评价，是客观世界对于人类的主观精神的附和与满足。价值是“世界对人的意义”①，正如正义作为价值之一，生态正义是自然对于人与人这个社会关系的意义。“价值的产生归因于人按照自己的尺度去认识世界，改造世界的现实活动。价值的本质，是客体属性同人的主体尺度之间的一种统一”②。正义作为社会价值之一，由谁来评价？如何评价？以何种尺度进行评价？这是正义之于价值，价值之于正义的研究思路。其评价结果的意义在于为正义的实现做好前期的准备。生态正义的价值评价研究问题的提出，源于笔者对于生态问题的关切，源于生态正义问题与价值与生俱来的息息相关，源于当今社会无可回避的、时刻围绕在我们身边的生态危机。在对生态正义进行价值判断的过程中，首先需要确定生态正义的内涵。其次要界定生态正义的价值评价主体，生态正义的价值评价客体，更重要的是对生态正义的价值评价标准和尺度进行研究和选择，并得出结论。最后要努力实现生态正义的价值目标。

2.2.1 生态正义的提出与社会价值矛盾的凸现

人类社会的价值形式多种多样，这些纷繁复杂的价值共同构成了人类社会的价值体系。现代社会对传统价值体系的理论研究，有如下几种不同的观点：有学者认为社会的价值体系分为两个层面，一层是整体效益，一层是社会经济福利价值和经济

① 李连科. 世界的意义[M]. 北京：人民出版社出版社，1986：20－22.

② 李德顺. 价值论(第二版)[M]. 北京：中国人民大学出版社，2007：19－20.

民主价值；有学者认为社会的价值体系包含工具性价值，即衡量结果公平，经济要素与体制效益，自由性价值，即可持续发展价值；也有学者将社会的价值体系分为实质正义、社会效益、经济自由与经济秩序的统一……对于社会传统价值体系的探讨都是在市场经济体制之下，在以追求经济效益为目标的情境下提出的。随着市场经济给生态环境带来的负面影响越来越严重，在原有的社会价值体系之下追求效率、效益的价值目标，越来越不能被社会所容忍。因此，新的价值理念产生，即生态正义的价值理念产生。在生态经济思路之下，社会的价值体系需要更新，生态正义价值更应该成为新的社会价值体系中最为重要的价值内容。在生态经济时代之下，人类社会发展的新的使命，也必然是谋求生态正义的价值实现和生态文明的发展以及延续。

低碳经济、绿色经济和生态经济思想的提出，对传统市场经济价值体系下的人类的生产方式和生活方式提出了质疑，也对服务于传统市场经济的各个领域的研究目标提出了挑战。那么在生态经济之下，社会研究者们对新时期的人类社会发展的新使命的探索，就成为生态经济时代的先驱工作。人类社会在生态经济时代的使命就是在实现经济发展的同时，还要保证人类文明的可持续发展。而生态正义的价值实现，正是生态经济下人类社会发展的新使命。生态正义价值也是人类社会追求的、新的价值目标。那么生态正义作为社会的新价值，能否成为评价生态经济之下的一切有关生态行为的价值理念，这就需要探究人类社会价值观的产生发展过程，和人类社会的价值体系架构的理论基础。

2.2.2 生态正义的发展伴随价值观的更新

探寻人类社会的价值体系架构的理论基础，要沿着人类社会的产生发展的历史脉络，去阐明人类社会产生的时代特征和社会矛盾，辨析人类社会在不同时代下的不同使命。人类社会产生之初的历史使命，与人类社会所具有的物质文化条件相关。在自给自足的自然经济时代，在市场经济时代和现在我们生活的生态经济时代，人类所背负的社会责任各不相同。早在 18 世纪末到 19 世纪初这个时期，工业革命和殖民战争的指向都是巨大的物质利益。经济自由主义的思想在三大思潮中根基稳固，被信仰和追捧的范围更广、人数更多，国家和人们为了追逐经济利益进行了目标的设定，构建了行为过程和结果的评价体系，所有的一切行动都尊奉着经济利益的大方向。人类社会之所以能够让自由主义的思想大行其道，之所以殖民霸道的行为能所向披靡，原因是世界刚刚苏醒，生态资源还极大丰富，人们从来没有这么清楚地了解自己的需求和满足之间的关系和距离。直到 1929 年到 1933 年资本主义世界的经济危机爆发期间，危机促使人们对经济自由主义思想产生了怀疑，而凯恩斯的国家干预主义思想的提出，使得政府走进了市场经济的宏观调控领域。此后一系列的调节经济运行的政策法规出台，使得资本主义社会自产生就被赋予了追逐物质利益，并实现经济利益最大化的使命。资本主义社会的这一使命是在以发展市场经济，维护市场经济运行，追求物质财富为背景下履行的。宏观经济世界和微观市场领域中的政府，其角色就是维护社会正义的执行者。

政府的调节经济运行的行为，需要法律的监督，也需要法律对于其执政效力的维护。因此，社会法律制度就成为始终维护市场经济的执政工具。“我们每天所需要的食物和饮料，不是出自屠户、酿酒家和面包师的恩惠，而是出于他们自利的打算。”[①]当年亚当·斯密在他的《国富论》(1776)中用这样一段话引发了人们对于“经济人”的思考，而对于人的行为动机是源于经济和权力的效力和服从的论断，也成为企业管理和政府行为加以引用的有效工具。然而亚当·斯密提出“经济人”假设理论的时间是18世纪末，这一假设依托的价值观是“人类中心主义”。显然人类已经发现“人类中心主义”太多的弊端，所以“经济人”理论虽然在之后得到了丰富和发展，但是基于对于丰富的物质资源的客观环境提出的经济理论，终究是要随着物质资源的消耗，其理论基础也会消散。

近些年来，发展中国家和发达国家的生态危机频频爆发。天灾只是表面的现象，真正的原因是人祸，而人祸所反映出的本质是人类价值观的扭曲。发达国家经历了经济的发展和生态环境的恶化，对于当今的生态危机问题的解决办法有一定的发言权。发达国家将造成生态危机的根源一律推给发展中国家，认为发展中国家的经济发展的国家目标和经济行动是造成地球生态系统恶化的罪魁祸首，而发达国家自己早就已经将生态环境的保护作为发展经济的前提。因此，我们无论是在国际交往中，还是在发达国家自己的政策制定和执行上，都可以看到发

---

① ［英］亚当·斯密. 国富论［M］. 甘肃：陕西师范大学出版社，2006：8－13.

达国家对本国经济的持续发展和环境保护的制度呵护。作为发展中国家，我们应该积极学习发达国家的先进立法和社会管理经验，尤其是制度管理的经验，将保护生态环境和协调生态利益关系的生态正义的价值理念植入到我们的社会制度体系之内，引导和警示世人培育并维护生态正义的价值信念，让伸张生态正义的思想深入人心，成为全社会的生态正义的价值信仰，最终达到社会的经济发展和生态环境保护的双目标的和谐统一。人类社会的法律制度是规范市场经济行为的重要工具，通过法律制度来实现生态正义价值理念的培育，更加符合法律制度的社会角色，也更加有助于实现经济发展和生态环境保护的双重目标。

当人们对于财富的追求无限膨胀，其结局就会是将人类原本美好的愿望和诉求演变成了苛求和掠夺。而这种掠夺摧毁了人与自然的和谐关系，也让人类开始审视自己的行为和价值观。在工业革命之前，世界各个国家仍然处在自然经济下的自给自足价值观的社会状态中，由于经济上的自给自足的目标的设定，使得只有10亿人口的需求通过普通的生产工具就能够得到满足。生产力的低下虽然是人类社会发展的制约，但是对于生态环境却是一件好事。简单的劳动工具和较少的人口，很难对生态环境造成大的伤害，这让丰富的自然资源能够长期的保存下来。也因此，无知的人类把这些自然资源想象成为了无限无尽的资源，然后就开始了贪婪的掠取，肆意的浪费。如今工业革命给人类社会和生态环境带来的巨大改变有目共睹，“经济人”假设理论所依托的价值观引领的社会变革，让人们获得了丰富的物质满足和精神世界的提升。然而，以追求物质利益的价值观为依托的“经济人”假设的思维方式和行为方式也成为了人类的一把砍杀自然的屠刀，这把屠刀的疯狂挥动使得地球生态环境，变成了现在我们看到的来自太空照片上的满目疮痍。生态资源的不断消耗和得不到恢复，使得人类面临着有史以来最为严重的生态危机，如果再放任现在的行为方式进行下去，人类种族从地球上消失是迟早的结果。人类如果想持续地生存发展下去，势必要再进行一次深刻的社会变革。也就是传统市场经济下的、人类社会的、追求物质利益的价值观，必须要被生态经济社会下的寻求人与自然和谐与可持续的生态正义价值观所取代。

中国在经历了民族战争、大跃进、“文化大革命”和市场经济的高速发展之后，中国的生态环境也饱受了战争和社会变革的折磨，尾随经济发展而来的是接踵而至的生态危机，这些洪水、泥石流、沙尘暴和雾霾等等表面上的自然现象，其本质是对人类涸泽而渔的掠夺行为的惩罚和报复。面对日益严峻的生态危机，中国作为发展中国家的大国，不能也不可以再走一次发达资本主义国家牺牲生态环境换来经济发展的老路。中国必须尽快探索出一条，既不进一步损害自然环境，也能持续发展的新路，这需要一次自上而下的思想风暴，而生态正义价值评价体系的提出和完善，正是承载这次风暴的理论车厢。本书试图抛砖引玉，以期更多的生态正义的研究者能展开进一步的理论探索和更有成效的社会实践。

2.3 生态正义价值与其他社会价值的冲突

人类世界存在多元文化、多元价值和多种观念，在纷繁复杂的社会中，各种观念和价值彼此碰撞、博弈，其结果最终体现在人类的行动和决策选择上。在价值的博弈和人类行为的选择中，人类创造了自己的文明的同时，也打造了自身生存和发展的自然空间和资源条件。当我们进入人口爆炸、经济放缓、环境恶化和社会变迁的时代，人类也正迎来了愈来愈多的生态问题，遭遇了愈来愈严重的生态危机。来自价值矛盾和价值观冲突带来的困惑和不解，让我们不得不反思自己的行为，也让我们不得不转变自己的思维，更让我们不得不改变自己的选择。生态正义问题对于地球上每个国家、每个地区和每个种族、每个民族来说都是十分有益的，但是生态正义价值并不是人类社会的唯一价值，人类社会的价值还包含了经济价值、政治价值、文化价值和军事价值等等，在这些价值之间存在着彼此的冲突和融合。人类在面对生态正义价值与经济价值矛盾、生态正义价值与政治价值矛盾、生态正义价值与文化价值矛盾时，人类如何兼顾、如何平衡、如何综合地解决价值之间的博弈结果，这需要人类按照这些价值问题的轻重缓急程度对这些价值问题排列次序，然后再按照这个次序逐一满足人类的价值需求。

2.3.1 生态正义价值与经济价值的冲突

回想 20 世纪人类的发展历程，不能不说我们十分振奋于人类取得的巨大成绩。从物质的基本粒子的发现到潇洒遨游在太空，人类真正实现了“上九天揽月，下五洋捉鳖”的伟大梦想。从电灯的问世到计算机网络惠及人类生活的每个细节，人类让自己的生产和生活更加便利，也更加丰富多彩。为了抢夺有限的资源，人类发动了世界范围内的战争，这些战争破坏了我们生存的家园，也摧残了人类的身心。面对和平，面对发展，人类更加渴望，也更加珍惜，这来之不易的和平。当人类的价值观遭受战争、冷漠、残暴和鄙夷等等的磨砺，人类才学会了理解和宽容，学会沟通和协作。人类在沟通和协作中，成就了地球村的梦想，人类的信仰和价值观，促使人类从各种纷扰中不断地评价自己的行为，并为人类的发展做出进一步的选择。

经济的发展和文明的进步是人类的共同目标，人类文明发展的进程逐步点燃了人类辉煌的物质财富的梦想，让人类世界发生了翻天覆地的变化，从草屋到摩天大楼，从步履维艰到日行万里，从梦想飞翔到遨游太空……，然而人类在梦想实现的同时对物质财富的欲望更加膨胀，这种膨胀却又滋生了人类更大的物质梦想。人类对物质财富的征服与满足的野心，让人类从未停止对资源掠夺性的开采和利用。然而，当人类意识到资源的有限性和环境的不可修复性时，才开始重新思考到底是优先发展经济，还是首要保护生态环境，到底是放任人类社会的资源争夺战争，还是积极打造人类社会的生态正义秩序。因此，生态正义价值和经济发展价值的冲突在人类社会愈演愈激烈，唯 GDP 发展的目标让更多的人产生了怀疑并展开了质问。人类到底是要生存，还是要发展？人类对于未来充满了困惑，这些困惑促使人类开始反思自己一直坚持的价值观是否正确。当环境价值、生态正义价值与经济价值相矛盾时，人类在这场价值的博弈中，如果选择了经济价值，那么未来可能会面临资源枯竭和生态系统的紊乱，如果选择了生态正义价值，那么未来人类一定是保卫了自己的地球家园，同时也排解了人类群体之间的生态利益纠纷。在价值矛盾和协调的过程中，聪明的人类提出了可持续发展的目标，巧妙地把经济价值和生态正义价值结合在一起，让人类的经济价值和生态正义价值在各自退让中都得到了实现。目前，全世界的很多国家都已经认同并接受了可持续发展的价值理念，也正因为在人类眼中生态正义价值和经济价值同样的重要，因此，可持续发展的价值理念才会那么容易为世界人民所接受，才会那么顺利为世界各国所坚持。

众所周知，经济发展是中国社会的经济领域研究者们一直保驾护航的大目标，然而这个大目标已经遭到了生态环境保护者的猛烈的攻击。在环境保护主义者的倡导下，经济学家、社会学家和政治学家们通过提出绿色经济、生态经济和可持续发展的理念重新整合经济发展与人类环境保护之间的关系，希望能够促成两者的协调一致。然而，美好的愿望还需要完善的制度体系来保障，在生态经济下人类社会需要尽快培育全新的社会价值体系支持人类社会制度规范在新时代之下的新功能。在这个新价值体系中，生态正义价值将成为核心价值之一。生态正义价值作为社会价值体系的核心价值，能够帮助人类平衡生存发展和经济发展的目标，人类通过制定体现生态正义价值的制度，让其发挥应有的生态正义的教育与引导和警示与惩戒的作用，从而维护生态经济下的生态秩序。

2.3.2 生态正义价值与文化价值的矛盾

人类社会的文化价值以人类为需求者，以人类为承担者。人类创造了文化价值，在人类的社会实践中形成了人类的文化需要和满足人类需要的文化产品。同时，人类在创造这些文化价值的过程中也萃取了人类价值观的精华，无论何种社会形态都存在特有的文化价值，这些价值就是通过文化活动来满足人类的多元文化需要。人类的文化需要同人类社会的经济发展水平紧密相连，不同经济发展水平的社会，人类的文化价值需求也大相径庭。显然经济发展水平越发达，人类的文化需求也越复杂。由于生态正义价值和经济价值在人类社会的价值选择中存在不可避免的矛盾，再加之人类社会的经济价值和文化价值之间唇齿相依，因此，在对生态正义价值与文化价值加以比较和衡量时，人类也必然会发生选择矛盾。同对人类社会的经济价值的了解一样，人类深知文化价值对于人类文明的进步和发展的重要意义。于是，人类也同样在寻求既能实现生态正义价值又能实现文化价值的折中方案。比如提出生态文化的概念，通过广泛宣传提高人类对于生态文化的认识，并加强对生态文化的关注，激发人类对于生态文化的热情和兴趣，让生态正义价值、生态文明融入到人类文化的范畴之中，让人类的文化需求得到满足的同时，也实现了生态正义价值造福子孙万代的目标。生态文化的建设需要生态科学知识和环境法制知识的普及。人类建设生态文化，需要人类思维方式的自觉逆转和行为方式的主动改变。人类引以为骄傲的工业文明史是在人类中心主义价值观的指引下认识自然并征服世界的，以能量消耗和物质消费最大化为人类社会发展的尺度，必然会在世界范围内掀起永无宁日的争夺自然资源的斗争。人类在疯狂中毁灭了自己生存的生态家园，人类在冷酷与凶残中在全世界进行军备竞赛和国力竞争。现在人类急切需要在万象凋敝中创造生态文化，求得生态正义的价值真谛。人类更加需要在工业化带来的生物圈退化的惨景中沉痛反思，在激励中努力探寻生态文化和生态正义的价值实现的路径。

2.3.3 生态正义价值对政治价值的挑战

人类社会的政治价值是指权力、地位、军队和国家等政治意义范围内的人和组织，对事件、行为的预期和满足。人类对于政治价值的追求和评价，成为了人类开展政治活动的直接动因。人们在处理政治关系、建立政治团体、开展政治活动、形成政治能量时，做出了有关自然和人类的，正义与非正义的价值评价。而这些对自然事件和人类实践做出价值评价的主体，往往都会做出对于自身更为有利的评价，并且这些主体的政治利益是其做出价值评价的政治诱因。政治利益背后是不同的政治集团的利益需要，政治集团的需要包括经济利益需要、生态利益要求，和政治利益要求等。不同的政治集团的利益需要的矛盾，最终体现为政治价值的冲突。不同政治集团对于生态利益的要求的矛盾，也会引发激烈的政治对抗甚至是战争。

人类社会的经济价值是政治价值的支撑，所有的政治行动都以经济价值为目标。人类的政治交往和战争，也是为了自然资源的掠取和生态利益的争夺。在人与自然的关系中，生态利益可能会导致政治纠纷，也可能会促成政治联盟。国家之间和国际组织之间，在遇到生态利益上的争议时，共同的生态正义价值便成为争议各方的一致诉求，此时的生态正义价值在与政治价值的博弈中取得优胜。当国家之间和国际组织之间为了共同的生态利益，求同存异、协同互助时，生态正义价值在与政治价值的博弈中再一次获得胜利。然而，这个价值博弈的优胜结果，是以人类对于生态正义价值的共同的认同为基础的，如果人类不能对于生态正义价值的认同达成一致，那么生态正义价值在与政治价值的博弈中便不会胜出。

从生态正义价值与上述价值的博弈中，我们再一次看到了生态正义价值实现的复杂性，在进行价值选择前，人类首要评价各个价值实现的重要程度和紧迫程度，这也是一个复杂的工作。同时，由于每种价值对于人类的需求都有其存在的意义，当人类的价值选择之间存在矛盾时，应该竭尽所能地去协调这些矛盾，力求达到所有价值都能得以实现，让人类社会的生态、政治、经济和文化都能繁荣发展。正因为如此，人类为了实现生态正义价值，务必要在各个价值之间找到有效的结合点，在各个价值兼顾的基础上，实现生态正义价值。

2.4 生态正义的价值目标

正义是人类社会的重要价值元素，正义是人类社会的资源、产品、机会和风险的分配正义。生态正义是生态系统内自然资源分配和生态危机分担的正义，生态正义价值是人类的社会正义在生态资源领域的价值推演。对于人类而言，生态正义能够帮助人类社会建立起自然资源分配和生态风险分担，以及生态责任分担的秩序，而且这个秩序一旦建立，全体社会成员就会按照这个秩序各自履行自己的生态义务。比如绿色出行，减少或者不使用塑料制品，不燃放烟花炮竹，不滥砍滥伐，从而不侵害他人的生态利益，也不逃避自己的生态责任等等。总之，人类在生活的每个细节都要遵守生态秩序，这样才能实现整个人类社会的生态正义。

2.4.1 生态正义价值目标的演进

生态正义价值目标就是在人类社会建立起生态正义秩序，即实现人与人之间享有平等的生态权利，获得公平资源配给份额，平等分担生态风险，公平承担生态责任，再最终实现人类社会的可持续发展的目标。同时，生态正义价值的目标还体现了人类对保障生物圈物种的多样性和生态系统平衡的坚持和努力。生态正义的价值目标并非是一成不变的，它随着人类对于自己的行为影响越来越清醒的认识，也随着人类知识水平和道德品格的提升，不断的确立新的生态正义的价值目标。人类的生态正义价值目标从只考虑人类自己的生态利益和关注人类的生存发展，只在人类社会建立生态正义秩序，演进为追求人类社会和生态系统的生态正义秩序的和谐稳定，诉求人类的利益群体之间的资源分配的平等权利的保障，和人类之间的生态责任的公平承担，以及维护物种的多样化和生态系统平衡的生态正义价值目标。需要说明的是在生态正义价值的目标中，有两个受益的主体：一方是人类，另一方是生态系统及其中生物。当且仅当人类为了自己的"生存利益"而牺牲其他生物的"生存利益"时，人与人之间的生态正义的价值目标才会摆放到人与其他生物种的生态正义关系之上。生态正义价值目标的演进，经历了从以人类为中心地追求人类的生态利益的目标，到牺牲人类的生存发展利益，而只保护生态平衡的生态正义的价值目标，再到现在维护人与自然和谐共存的可持续发展的价值目标的过程。

在生态问题产生之初，由于人类并没有意识到生态问题的严重性，也没有意识到生态问题对于人和自然关系的长远影响，更没能有效地估量生态问题对于人类生存和发展的长远危害，因此，人类对于自然资源和生态系统的未来的命运，漠不关心。人类社会的发展目标也都是围绕着人类的生存和发展的主题来确定的，生态正义只为解决人类利益群体之间的生态利益纷争，以及人与人之间的生态责任的分担问题而设定。这种完全不考虑生态系统平衡与自然物种和谐的，生态正义的价值目标，让人类陷入了生态危机的泥潭而无法自拔。资源的有限性和生存空间的有限性，使得人类面对有限的生态利益难以掩饰内心的自私和贪婪，因此，在此时调和人类利益群体之间的生态利益纠纷，实现生态正义的价值目标根本不可能。而随着人类对于生态问题的认识的深入，强调生态价值，珍视物种多样性，保护生态系统的平衡的全世界范围内的环境保护运动风生水起。人类把生态危机首次放到了人类所有未决问题的前列，甚至有人提出要以牺牲人类的发展为代价换取维护生态系统的平衡，这一自然中心主义的生态正义价值观，使得人类的生存和发展失去了意义。生态平衡固然重要，人类的生存和发展更不容忽视。可持续发展的提出，及时地为人类找到了寻求生存发展和自然保护的平衡的出路。在尊重自然规律和尊重生态系统生命体多样化的前提下，追求人类的生存和人类社会的发展，是可持续发展这个生态正义价值目标的要求。可持续发展是当今世界人类的共同的主题，可持续发展也是生态正义价值实现的终极目标。可持续发展既是人类社会的可持续发展，也是生态系统的可持续发展，只有资源的可持续发展，才能促成人类的可持续发展，才能从根本上解决人类社会的生态利益的争夺问题，才能维持人类社会的生态秩序和自然界的生态秩序。

2.4.2 生态正义的价值评价

为何选择对生态正义进行价值评价研究，原因是任何价值其存在的意义，都在于让自己能够在人类的精神世界或者是现实关系中得以实现。生态正义的价值评价活动，其目的是在生态正义价值评价过程中，界定清楚什么样的人类行为是符合生态正义的要求的，哪些是超过生态正义所能容忍的界限的。这些界定最终会帮助人类减少不适当的生态行为造成的不良影响。我们通过对生态正义的价值评价主体、生态正义的价值评价客体和生态正义的价值评价尺度的分析整理，最终建立生态正义的价值评价体系，这让生态正义的价值实现的道路更清晰，也让人类在可持续发展的进程中不再迷茫。对生态正义的价值评价，让人类从对于赖以生存的自然环境和生态系统满怀的感恩、同情和愧疚的情感，演变为人类对自身行为的规范和对自然的保护责任的现实担当。生态正义的价值评价也把关于生态正义的内涵研究牵引到了生态正义的价值实现研究的路径上来，让生态正义不仅存在于人类的价值观里，也让生态正义能够在对人类的现实行为评价中得以印证。所以，生态正义的价值评价是人类对生态正义的信仰和生态正义价值的伟大连接。

第3章

生态正义的价值评价主体

在生态正义的价值评价活动中，评价主体是在不同的生态关系中，对于生态行为和生态事件进行评价的主体，它包含在种际关系中的价值评价主体、在代际关系中的价值评价主体，和在代内关系中的价值评价主体。其中代内关系还包括国际生态关系和种族生态关系，以及国内生态关系。因此，代内正义的价值评价主体还包含国际生态正义的价值评价主体，种族生态正义的价值评价主体，国内生态正义的价值评价主体。在不同的生态关系中，生态正义的价值评价主体不同，不同的价值评价主体受到自身利益、价值观、社会制度和评价尺度的影响，在做出生态正义价值评价时，其评价结果也会不同。因此，只有在确定不同的生态关系中的价值评价主体之后，才能进一步判断其价值评价行为是否公正，才能最终引导价值评价主体做出符合生态正义理念的评价行为，并得出公正的评价结果。

3.1 种际生态正义的价值评价主体

种际生态正义，指的是人类和生态系统中人类以外的其他物种之间的生态正义。人类与其他物种之间的关系，受到人类生态行为的浸染，当人类要对这种人与其他物种的关系加以评价时，我们发现，人类有能力用自己的思想和行动做出评价。然而，人类以外的其他物种却因没有思想、没有行动力和群体意识，对自己与人类之间生态关系根本无法做出评价。因此，把人类之外的物种作为生态正义价值评价的主体的讨论，是毫无意义的，也是根本无法实现的。所以在种际关系中，只有一个价值评价主体，那就是人类自己。事实上，当人类提出种际生态正义这一概念之时，人类就已经开始了对自己的生态行为，给自然、给生态系统、给其他物种带来的影响的反思。人类希望通过自己的努力，还自然、还其他物种以正义，对他们补偿，并修复他们生存的环境和空间。

3.1.1 人类中心主义的烙印

人类作为生态正义的价值评价主体，其评价行为受到各种生态思想的影响，生物中心论者主张“物种平等”、“生物圈平等”，与之相反的是，人类中心论者则不认为人类与其他物种有平等的权利。在现实生活中，人类对于人与其他物种之间的生态关系的评价，从未摆脱以人类为中心的评判印记，人类在价值评价活动中，仅以人类为生态正义的价值评价主体，以人类利益的实现和最大化，为价值评价标准。然而，自然和物种的价值不仅仅在于对于人类的利益需求的满足和回应，自然和物种存在的价值，已经远远超越了人类衣食住行的需求。自然和物种存在的价值，早已扩展到了人类的精神世界，延伸至人类文明的深处和生态文明的传承之中。当人类对自己的行为加以监控和调整时，当人类对自身行为的生态影响进行价值评价时，该价值评价主体是人类本身，并且也只能是人类本身。人类的自利的本性不能够、也不可能从人类的特征中剥离。因此，想做到彻底地为了追逐人类整体的生态正义而放弃人类个体的物质利益，其过程势必艰难。所以每当人类要对自己的未来行为做出计划时，满足人类生存和发展的目标势必会摆放到一切目标之前。在此种情况下，生态文明的建设，生态正义的价值实现，一定会退至当前的人类经济发展利益之后。因而，人类对自己的生态正义的价值评价，由于属于自我监督、自我评价，要想做到结果的绝对公正，其几率小之又小。所以，人类只有在充分意识到自身的生存危机和发展危机的基础上，才可能将生态利益放在其他所有的利益之前，才可能事事以实现生态正义为首要目标，才可能把其他的经济、政治、种族和国家利益退至后位，人类在对自己的生态行为进行自我评价的活动中，才能为实现生态正义竭尽全力。

3.1.2 自然中心主义的影响

人类作为生态正义的价值评价主体，其评价活动还受到自然中心主义思想的影响。澳大利亚哲学家彼得·辛格（Peter

Singer)提出的动物解放理论，他坚持动物能够感受痛苦和快乐，所以动物也应该获得与人类同等的生存的权利。同时他还运用黑人和妇女解放的要求延伸到道德领域的前例，拿来论证动物解放理论的合理性。美国思想者汤姆·雷根(Tom Regan)是动物权利理论的代表者。汤姆·雷根认为动物与人类一样，有“感觉”、“记忆”、“情感”等生命特征。因此，动物应该与人类一起，具有同等的道德权利。再如，生物中心理论认为自然是一个各生命体相互依赖不可分割的生态系统，人类与其他生物是平等的生命体。又如，生态中心主义者主张将人类自我实现与生态中心论的平等的基本原则相结合引导人类如何行动和如何思考。显然自然中心主义思想把动物和生物、物种放到了与人类同等的位置上，赋予了他们与人类同等的权利和生存的机会。因此，在对人类的行为进行生态正义价值评价时，将动物权利和物种生存，以及生态系统的安全协调，放到了评价行动考虑的范畴之内。如此在人类进行生态正义的价值评价时，关于生态正义的价值评价标准，也必然会加入对生物权利和生态系统平衡的考量。受到自然中心主义的影响，从人类的主观思想到价值评价标准，和价值评价尺度，再到价值评价结果，都会凸显出自然中心主义思想的要求和主张。

因此，人类群体的代表采信哪一种思想主张？是人类中心主义还是自然中心主义？这将会直接影响人类生态正义的价值评价活动的始终。正如上文中所论述的，除了人类中心主义的思想，自然中心主义、动物权利、动物解放思想，严格来说也都是打上了人类烙印的生态价值理论，根本无法完全摈弃人类利益的维护。因此，这些理论由于本身存在与人类社会现实的矛盾，所以也难以在人类社会得到彻底的、完整的实现。但是，我们从中却能受到有益的启示，更加自觉的去规范人类的生存生态行为，使人类的生存发展和世代繁衍与保护生态系统的平衡和实现资源的可持续利用，成为人类共同的生态利益和生态目标。

3.2 代际生态正义的价值评价主体

代际生态正义的实现是当代人赋予自己的社会责任。在当代人与后代人的关系中，如何平衡他们的生态利益，如何尽全力为后代人保全他们生活的环境和自然资源，如何通过生态正义的价值评价对当代人行为进行合理的规范和约束，这需要人类作为价值评价主体，找准价值评价尺度、界定价值评价标准，进行以一定时间段为价值评价期间，以一定地域范围为价值评价区域，以一定人群的具体的生态行为对于代际关系的影响为价值评价对象，而进行生态正义的价值评价。然而在代际关系中，如果让当代人作为价值评价主体，就会有当代人的价值评价标准，如果让后代人作为价值评价主体，就会有后代人的价值评价尺度。但是无论是来自当代人的生态正义的价值评价，还是来自于后代人的生态正义的价值评价，他们共同的评价对象，都包含了当代人的生态行为对于代际关系的影响。如此看来，对于同一对象的不同价值评价主体，既有当代人，又有后代人，且价值评价标准还不尽相同，其价值评价结果也难以统一。因此，研究代际生态正义的价值评价主体，厘清在代际关系中的当代人和后代人，在生态正义的价值评价过程中运用的交错复杂的价值评价标准，然后再开展实际的生态正义的价值评价活动，对于最终实现代际关系的生态正义意义重大。

3.2.1 当代人的自我价值评价

在代际生态正义的价值评价主体中，当代人作为价值评价主体，其评价的对象为当代人的生态行为对代际关系的影响。当代人对于自己的生态行为产生的影响加以评价，很难摆脱当代人自利需求的影响。在平衡当代人生态利益和后代人生态利益的天平上，必须把后代人的生态利益的砝码也加入到当代人的生态利益的范畴之内，这才能敦促当代人为了保障当代群体的生态利益而管制当代人自己的生态行为，才能在平衡当代人生态利益和后代人的生态利益的关系中，努力保持公正。当代人为了谋求经济和社会的发展，在资源的开发和利用方面，在环境的规划和废物的处理方面，如果不考虑后代人的生态利益，就会为当代人的利益满足而肆无忌惮地利用一切资源。然而，这样的生态行为既超越了当代人的行为界限，也更加侵害了后代人的生态利益。当代人要想在这场生态利益的博弈关系中让生态正义的价值精神得以彰显，就必须把后代人的生态利益也列入到当代人自己的生态利益中，这样当代人才会更有动力，也更加可能在维护当代人生态利益的同时，也保卫了后代人的生态利益。

3.2.2 后代人的价值评价

当代人在代际关系中到底发挥了积极的作用，还是发挥了消极的影响？不仅当代人要进行评价，而且后代人由于其身处后世，对于当代人的生态行为的生态正义的价值评价能更全面地评述当代人的生态行为的进程及其影响。同时，也由于掌握了更高的科学技术，使得后代人更有能力运用先进的技术和设备进行测评和取样，让价值评价结果更客观公正。但是由于后代人的利益牵涉在后代人与当代人的关系中，因此，当后代人在对当代人的行为进行代际生态正义价值评价时，也有可能偏离公正。因此，在代际生态正义的价值评价活动中，让当代人和后代人都成为生态正义的价值评价主体，并行使代际生态正义的价值评价权利，综合当代人和后代人的评价结果，对当代人的生态行为及其结果的评价更为公正。

3.3 代内生态正义的价值评价主体

受到国家、种族和地域等元素的影响，当代人的生态社会关系十分复杂，当代人之间的生态正义价值评价主体也十分复杂，而生态正义价值评价主体的复杂性，让当代人与当代人之间在处理各自牵连的生态行为时，其过程和结果也都变得更加错综繁杂。因此，我们需要把当代人作为生态正义的价值评价主体，进行进一步的分类分析和论证。从国际生态正义的价值评价的角度、种族生态正义的价值评价角度和国内生态正义的价值评价的角度深入研究代内正义的价值评价主体，以及作为代内正义价值评价主体的义务和权利。

3.3.1 国际生态正义的价值评价主体

在代内关系中，当代人的各个利益群体为了争夺有限的自然资源和生态利益，转嫁自然危机和生态风险，进而发生利益纠纷。尤其表现为，为了国家的利益，各国政府可能会通过经济制约、政治制衡、军事打击和外交协商等手段，不遗余力地实现国家利益最大化，尤其是国家生态利益最大化。发达国家通过大面积开发海外工厂的方式，把高耗能、高污染的行业转移至国境外，目的是为了保护本国境内的生态环境和本国公民的生态利益，同时保障本国人民享受清洁的空气和安全的水资源以及更舒适便利的生活条件的权利。而发展中国家则为了经济和社会的发展，不惜接受种种不公平的交易条件和投资协议，以耗费能源和污染环境为代价换取片刻发展的机会，这样的行为如同饮鸩止渴。在评价国家之间为维护生态利益而采取的行动时，选取的生态正义的价值评价主体，其地位必须要处于国家之上。原因是在发达国家和发展中国家中，选取任何一方作为平衡双方生态利益关系的主体和生态正义价值评价的主体，都难以保持中立。因此，只有选择中立的国际组织，才能对发达国家和发展中国家的生态利益纠纷进行调节，同时才能对国家间生态利益关系进行公正的价值评价。在发达国家和发展中国家的生态利益的争夺中，经济上的互助和政治上的联盟，才能最终实现群体的生态利益。尽管国家与国家之间存在各种利益纠纷，但是一旦结成政治上的同盟，便会在一定时间之内，就某个共同的利益，互助共赢。可想而知，未来的自然资源将会是各个国家争夺的焦点，只有促成国家之间的经济和政治联盟，才会保证各国获取资源和生态利益的机会平等。

3.3.2 种族生态正义的价值评价主体

种族这一概念，尽管是基于人类体质形态上的、共同的和来自遗传的特征对于人群的界定，然而，同一种族的人群，由于国家、民族和政治阵营的差别，既存在共同的利益，也存在利益的矛盾。比如黄色人种遍布亚洲的中国、韩国、日本和蒙古等国家，白色人种更是分布在欧洲、北美洲等数十个国家，非洲是黑色人种的家园，大洋洲则是棕色人种的聚居地。如此广泛的分布、如此多元的国籍，让种族的群体意识在国家、民族意识面前显得十分脆弱。然而，当种族的尊严、种族的利益受到其他种族的侵犯和挑战时，隐藏在他们血脉中的共同的信念就被唤醒。各个国家的种族歧视的案例，让人类不止一次地看到了当种族的共同利益受到威胁时，同一种肤色的人群就会聚集到了一起，为了共同的权利发出声音。种族之间争夺生态资源和生存环境的事件，把不同国籍、不同民族、不同信仰的种族重新召唤到了一起，为了种族的生存和繁衍，争取群体应得的生态利益，为了种族文明的延续和传递，而努力争取实现生态正义的价值评价。既然种族之间存在生态利益的矛盾，那么种族之间就需要一个打破种族界限的主体主持他们之间的生态正义的价值实现。如同上文所论述，种族已然跨越了国家、民族，甚至是政治阵营。

因此，种族之间的生态利益的诉求，也同样需要超越种族之上的主体来实现，这个主持种族之间生态正义的价值实现的神圣职责，再一次落到了国际组织的身上。

国际组织有很多，哪个国际组织有能力也有意愿肩负起国家间和种族间以及地区之间的生态正义的价值评价使命呢？现有的与生态保护相关的国际组织有：联合国环境规划署、国际环境保护组织协会、联合国可持续发展委员会；还有一些专门的组织，比如湿地国际联盟、国际湖泊环境委员会等。

在 1972 年年末，联合国大会通过了建立联合国环境规划署的决议，从此开始了联合国环境规划署统筹全世界环境保护的工作。作为联合国环境日常事务的执行组织，联合国环境规划署主要职责是开展环境问题的研究，协调联合国内外的生态保护工作。此外，联合国环境规划署还通过开展国际性的环境保护专业会议，为地球能源的可持续利用和区域范围环境问题的解决提供对策。多年来在国家间的学术会议的讨论中，联合国环境规划署协调了各国在环境保护和环境国际公约中的义务，通过签订国际环境保护宣言和国际合作议定书，敦促世界各国的政府遵守国际宣言规定，并兑现对各国的环境保护的承诺。联合国环境规划署统一了地球村民的保护环境的步伐，为人类环境保护工作的推进书写了众望所归的一笔。

如果说联合国环境规划署是各国政府间的生态保护和资源维护协调与沟通的组织和平台，那么国际环境保护组织协会，就是民间专业的世界环境保护组织的大联合。国际环境保护组织协会是个民间互助的，为世界环境保护工作提供服务的团体，他们联系并组织各国的知名人士和艺术界人员，通过演出、论坛和比赛等方式，积极开展国际领域的交流与合作。同时为企业提供策划、咨询或者宣传服务。通过编辑和发行出版物、宣传品，推进世界各国的绿色运动和环境互助。国际环境保护组织主要进行生态保护的思想传播，因此，在国家间和种族间的生态利益纠纷的调解和平衡上，只能起到辅助性的工作。而只有联合国环境规划署，才有可能在国家间和政府间搭建合作和沟通的桥梁，才能帮助世界各国在生态利益的争议中，彰显生态正义的价值。

联合国可持续发展委员会隶属于联合国经社委员会，联合国可持续发展委员会致力于促进政府间的合作和政府决策兼顾环境保护的问题。各个国家经济和社会的发展要兼顾环境保护，需要资金的支持和技术的辅助。《里约环境与发展宣言》(1992)帮助参与国家建立了一个平等的、相互依存的国际合作伙伴关系，让各国实现共同的生态利益的同时，也能够促进经济和文化的进步。《二十一世纪议程》(1992)为全人类绘制了环境保护的蓝图。联合国可持续发展委员会注重各国的经济发展和生态保护的平衡，因此，各国的生态利益的纷争，并不在联合国可持续发展委员会的工作范畴之内。只有联合国环境规划署更加适合对于各国的环境行为加以评价，更加适于评价各国的生态关系，也更加适于伸张国际生态正义。

3.3.3 国内生态正义的价值评价主体

国内生态利益群体或者个体之间也有纠葛和纷争，主要表现为贫穷和富有的人群生态利益纠纷。任何社会制度下，贫穷的人群的利益，往往都会被忽视，甚至是被无视、乃至被侵害。贫穷的人群数量虽然往往在社会中占绝对的优势，但是这具有绝对的人口数量优势的人群，却在各种利益诉求上面所发出的声音的音量十分弱小。尽管富有的人群没有贫穷的人群数量庞大，但是富有的人群却在国内社会中抢占了具有绝对优势的话语权。所以，富有的人群总能通过这绝对优势的话语权，帮助自己的利益获得保护，使之最终实现。而且富有的人群还经常夺取贫穷人群的话语权，让贫穷人群原本就已经十分弱小的利益诉求的声音被压制甚至被掩盖。可想而知，在贫穷人群和富有人群的生态利益诉求中，贫穷人群的诉求经常难以得到满足和保障，这样的现象显然对于贫穷的人群是非正义的。因此，只有代表贫富双方利益的主体，才能平衡贫富人群的生态利益。此时，政府——代表贫富人群共同利益的政府，才能成功地协调双方的生态利益，才能成功调节双方的生态纠纷，最终实现社会的生态正义。

综上所述，种际生态正义的价值评价主体是人类，代际生态正义的价值评价主体是当代人和后代人，代内生态正义的价值评价主体是国际组织和各国政府，由此形成了生态正义的价值评价主体。人类作为生态正义的价值评价主体，可能会受到自身利益需要的驱动，将人类对于衣食住行的需要混合在对生态正义的价值评价活动中，而当生态正义的价值评价结果可能会对自己的生态利益不利时，生态正义的价值评价活动就会受到其价值评价主体的利益干扰。由于人类利益集团的分化，有国家、种族、民族和政治集团等不同的利益集团，因此，为了给本利益集团争取最大的生态利益，各个利益集团都会竭尽全力去争夺生态正义的价值评价的控制和施行权力，努力让自己的集团能够在生态正义的价值评价中获取有利于自己的评价结果。此时，经济实力强大和军事实力强大的利益集团，常常在这场争斗中获得最后的评价权。因此，为了能够让生态正义的价值真正实现，务必摈弃经济、政治、军事和权力等等干扰，才能够让人类的价值评价主体遵守生态正义的价值理念，让生态利益关系各方主体，能够获得公平公正的价值评价结果。然而让生态正义价值评价主体自己来摈弃这些因素的影响，十分困难。所以人类需要强大而有效的制度保障机制，保障生态正义的价值评价主体遵守制度的安排，让生态正义的价值评价主体在价值评价活动的每个步骤都有章可循，让生态正义的价值评价活动依照制度、依照程序循序进行。

第 4 章

生态正义的价值评价客体

人类的实践活动是人类作为主体，自然作为对象的实践活动。这种实践活动把人类与自然紧密连接在一起。人类对于自己实践行为对于生态的影响，做出的正义与否的评价，正是以代内关系、代际关系和种际关系为评价客体的生态正义的价值评价。

4.1 利益纷争中的代内关系

未来人类生活的地球是什么样子？未来人类还能生存多久？当代人留给后代的资源能否满足后代的基本需求？等等，这些问题在很多人的头脑中都离我们现在生活的时空相去甚远。因此，更多的人，应该说是绝大多数人，并不关心未来，而只关心现在这个时代之内各种利益纷争的解决。当今的时代是各个国家经济发展利益和生态利益矛盾交错凸显的时代，国家之间为了发展经济，壮大国家综合实力，不惜突破自然承载的底线，一味攫取资源，摧毁自然资源的再生能力，让生态系统逐渐失去自我调节的能力。什么样的代内关系是平衡和谐的？若想回答这个问题，首先要理清代内关系中的几个重要问题，这些问题包括国家之间的资源分配问题和生态危机风险分担问题，包括种族之间生存发展机会的公平问题，也包括贫富群体之间的生态利益的分配和生态责任的分担问题。

4.1.1 国家间资源分配和生态责任分担

当代社会，国家之间的资源争夺和生态责任的分担是人类代内关系聚焦的重点。事实上自从有民族、有国家以来，国家作为最高的权力主宰者，在对外交往的过程中，国家战争、对外贸易以及国际合作成为主要的对外交往的手段，国家间生态利益和生态责任的分配和设置，导致了国家间的公平和正义的价值评价问题产生。生态正义问题是在国家间的生态利益关系中的核心问题，分享自然资源和共同分担生态责任成为国家间生态正义的核心要求。20世纪的自由贸易拉近了国家之间的关系，但同时也引发了由于自然资源占有的不公平和生态责任分配不公平，而产生的国家间的生态关系的生态正义的价值评价问题。

对于发达国家而言，由于其发展过程已经经历了工业化的进程，在其工业化的历史中，发达国家对于全世界的自然资源的掠夺有目共睹，对于自然环境的破坏产生的恶劣影响仍在延续。有不少学者认为，发达国家在发展过程中对自然造成的伤害是发达国家所欠下的自然债务，同时也认为，现在我们这些正在发展中的国家也在逐步欠下对自然的债务，并且觉得由于发达国家所欠下的债务要远比发展中国家要多，把资源破坏和环境污染的赔偿和补偿责任让双方共同承担，那么对于发展中国家而言显然是不公平的、非正义的。正义概念自提出伊始就是关于人类的社会正义，对于发达国家和发展中国家而言，这个正义也应该是人类社会整体的生态正义，而不是发展中国家的个别正义或者发达国家的个别正义。发达国家如今的较高水平的科技和发达的经济，是建立在对环境的破坏和资源的过度开采的历史上的，这些破坏和开采的程度，远远超过了发展中国家。同时，发达国家在与发展中国家进行贸易交往时，又巧妙地运用了贸易规则，将废物和污染物转移给发展中国家。发达国家通过搭建绿色贸易壁垒的方式，提高产品进入本国的绿色标准和市场准入门槛。而发展中国家在发展初期，由于急切发展，不论是否有能源消耗，也不论是否能造成环境污染，就将那些发达国家抛出的高污染和高消耗产业拉到了自己的国境内。而发达国家在避免了消耗本国能源和环境污染后，把在发展中国家生产的产品销回本国以满足国人的消费需求。发达国家在保有高科技绿色行业发展自我的同时，还排除了资源消耗和环境污染的后顾之忧，同时也悄悄地掠夺了发展中国家的资源和能源。显然，发达国家和发展中国家在资源分配和污染风险的承担上是不公平的。

虽然发达国家在与发展中国家的博弈中占到了便宜，但在发达国家内部，不同的利益集团由于对生态环境的主张不同而产生了更多的矛盾，这些矛盾导致发达国家对于生态责任的承担，表现出不一致、不稳定的特征。比如主张维护生态利益的集团会在国家活动中表现出相对明显的环境意识，而唯经济发展的利益集团，相比之下，就会表现出较弱的生态责任意识。于是，前者则必然会为了维护生态系统平衡，为了保护自然环境承担更多的生态责任。而后者却依就固执地坚持经济发展的大目标，而继续损害生态环境。现行的世界自由贸易机制对于代表生态利益集团的国家来说是不利的，这是由于短期之内，在国家间的经济实力竞争中，这样的国家会处于劣势。显而易见的是，当某一个或者某几个国家，在其所代表的利益集团的驱使下，开展环境治理和生态维护的工作，必然会使得该国自然环境得到一定程度的改善，同时与该国相邻的国家的生态环境，也会受到有益的影响。然而这种搭便车的受益并不会让这些邻国觉悟，也没有让他们意识到积极地开展生态救助的活动是一项有益于自己，也有益于邻国的事情。反而让他们更加依赖他国的生态保护工作，而更加不愿意投入时间、精力和财力来改善本国的生态环境。对于已经采取生态拯救行动的国家来说，这是一种不公平的现象，同时如果对搭便车的行为加以评价，这也是非正义的行为。约翰·罗尔斯曾经说过，在自然资源有限的现实世界中，由于无法满足所有立约者的需求，因此需要立约者合作立约。《里约环境与发展宣言》(1992)正是各个国家的合作立约，《里约环境与发展宣言》建议，各个国家应该为维护、保障和恢复地球的生态系统平衡，摒弃前嫌、精诚合作、共同应对，为全世界的生态系统的平衡发展和自然资源的维护并肩作战。各国在维护生态系统和战胜自然危机的活动中，所承担的责任是有差别的，同时也是共同的。那是因为各国虽然有共同的生态利益，但在具体的导致环境退化的问题上，其背后的原因各不相同。尽管发达国家并不否认其在发展历程中给全球生态环境带来的恶性影响依然存在，同时他们也努力以其技术和金钱来承担其在国际关系中的责任。但是这些付出仍不足以达到发达国家应该承担的国际责任的额度。用生态正义的理念对发达国家与发展中国家之间的生态关系加以评价，其结论一定是非正义的。发达国家若想在国际生态关系中得到正义的评价，还应该在全球生态责任中承担更大比重的责任。比如加强对发展中国家的经济援助和生态保护技术援助，帮助发展中国家发展绿色产业，适当打破环境技术和设备上的专利垄断，让这些先进的环保技术和设备能够惠及全世界。发达国家针对本国的重污染和重消耗的产业，可以征收生态资源税或者环境保护税，并将所得税金用以解决新能源开发和环境污染的治理等方面的问题。

另外，在国际贸易交往中，没有约束的自由贸易极易转嫁生态风险，《建立世界贸易组织总协定》(1994)倡导各个关贸总协定成员国应该坚定可持续发展的最终目标，努力优化全球的自然资源，协力维护现有的生态环境，结合世界各国不同的经济发展水平和社会发展需要，强化联合维护环境和自然资源的力度和手段。《建立世界贸易组织总协定》促使 WTO 确立了环境和自然资源保护和贸易发展的总目标，同时也加强了 WTO“贸易与环境委员会”的职责，即加强“贸易与环境委员会”与联合国环保署的合作的同时，要对环保信息进行交流，实现贸易与环境冲突的信息共享。切实审查WTO成员国的环境贸易措施，解决各个成员国在国际贸易中有关环境污染问题的纠纷，起草与贸易和生态环境相关的问题决定，基于生态维护与非政府组织进行磋商与合作，接受WTO总理事会委托，处理国际贸易有关环境问题的事务。落实ISO14000等环境质量保障体系，让重污染和破坏生态环境的商品交易在国际贸易中无缝可入。

4.1.2 国内资源分配和生态责任分担

上文中讨论了国家间的资源分配和生态责任分担的问题，然而国家间的争议和纠纷并不是代内生态利益纷争的唯一表现。在一国之内，地区之间的差异、贫富之间的差距，也使得生态资源在分配的时候经常受到不公正的影响。在一个国家的国境内，往往不可避免地存在环境保护和生态资源维护的不平衡和不协调的问题，尤其表现为地区之间的利益分配不均衡和责任分担不公允。就像发达国家和发展中国家的关系一样，经济发达的地区和经济发展落后的地区，所分享的生态资源利益和承担的生态责任不对等。并且由于环境管理具有的区域性的特征，因此，经济欠发达的地区和经济发达地区的生态环境水平也不同。经济虽然欠发达，却维持了较完好的环境条件和自然资源条件，而经济发达地区却由于过度的消耗和浪费资源，使得其失去了较好的生态条件和充足的自然资源。很多国家都把他的自然保护区和野生动植物保护区，放在了经济欠发达的地区，当然投入在保护区的资金、人力和物力，既给当地的政府带来不小的利益，也造成了不小的压力，但由此带来的生态的利益却是可以为经济发达地区和欠发达地区共享的。生态正义要求共享生态利益的同时，也要共担生态责任。因此，合理地分配经济发达地区和经济欠发达地区的生态责任，也成为生态正义进行价值评价的工作内容之一。然而现实情况是很多发展中国家的行政决策，都会受到经济发达地区的利益集团的影响，经济欠发达地区在相关的行政决策下，处于相对弱势地位，其生态权益往往易受到侵害。生态正义的价值评价在对地区间生态利益分配和生态责任的分担上，其意义在于平衡协调地区之间的生态利益和生态责任。美国生态学社会主义者威廉·莱易斯提出通过建立新的社会制度和需求结构以解决人类需求和自然危机之间的矛盾。法国思想家安德烈·高兹也提出只有建立社会主义制度，才能实现生态的公正。生态学马克思主义者们，试图通过建立社会主义制度的方式实现生态正义。而让—雅克·卢梭和约翰·罗尔斯则希望通过社会契约的形式实现生态正义。但无论是社会主义，还是社会契约，最终都要以社会制度的形式表达出执政者的生态正义理念。因此，在社会制度上如何均衡地区之间的生态利益享有和生态责任分担可以加以设计。很多学者倡导的征收环境税、资源税，让企业在实现的利润中提取出一定的份额，用于其所处地区或者全国欠发达地区的自然环境的恢复和维护。或者建立专门的生态补偿基金，由有能力的经济发达地区积累资金，支持对于全国的生态环境的反哺活动。有关国家的生态保护区和野生动物保护区等自然保护区的维护费用和对当地居民的补偿，需要政府的统筹安排。国家也可以通过财政转移支付的方式，平衡经济发达地区和欠发达地区的生态利益以及生态责任。

除了地区之间的经济发展水平有差别，人与人之间也有贫富差别。贫富不均的现实，让同一代人、同一地区的人之间的生态利益和生态责任，也出现了不平衡和不协调的结果。富有和贫穷让原本应该平等的人类，被划分成为不同的阶层，富有的阶层多占资源、制造污染、破坏生态系统，受到良好的教育的中产阶层则比较热衷生态保护的事业，贫穷阶层为了生存和温饱则根本无暇顾及生态保护和资源维护的问题。市场经济让人类对物质的渴望更加强烈，比如富有的人会更放肆地占有更多的自然资源，享受更好的物质生活，他们开着耗油量极高的豪车，或者即使耗油量不高但却是价格不菲的豪车，住着吃喝玩乐应有尽有的豪宅，佩戴着价值连城的首饰，吃着一餐相当于贫穷人一辈子的收入的晚餐，这些资源的消耗已经远远超过了其作为人的基本生活需要的必要程度，然而这些奢侈的消耗带来的生态资源的浪费的后果，却让贫穷的阶层来承担。尽管生活在同一个时代，但富有的阶层与贫穷的阶层在生态利益的分配上和生态责任的分担上，却出现了不平衡、非正义的现象。生态正义的理念需要对这一社会关系进行重新调整并公正评价，让富有的人在超额消费的同时，必须承担相应的生态责任。想实现这种贫富阶层的生态正义，这要求必须对贫富阶层之间的生态关系进行衡量和判断，以实现平等的对待和公平的评价。人类必须在这场宣扬绿色的环保运动中，让处于贫富中间的中产阶级，积极努力地承担起生态责任，使其成为保护绿色，维护生态的中坚力量。关于贫富阶层的生态责任的分担和生态利益的分配，则需要完善的社会制度的保障。有学者主张用累进制的生态税的方式，使得收入多、消费高、消耗高的阶层承担更多的税负，这种按照收入和消耗的基准划分承担税负的程度的方式，让高收入、高消耗群体，承担高税负，让低收入、低消耗的群体，承担低税负，最后使得税负与收入和资源消耗之间建立起有效的连接。此外，政府决策须更多地考虑中产阶层和贫困收入阶层的生态利益，并有目的地约束富有阶层的有害生态和资源的行为，同时，鼓励和刺激环境保护社会组织的壮大发展和其协调各种生态利益关系的行动。

在代内关系中，社会资源的分配和生态责任的担当，除了受到地区关系的影响和贫富差距的干扰外，还受到中央和地方关系的辐射。一国之内无论该国采取何种国家结构形式，在中央和地方之间的权力划分上，都会牵涉生态利益分配和生态责任地分担的问题。以美国为例，在联邦制的体制下，在中央在颁布生态环境保护的法律法规的基础上，地方承担环境保护的主要责任，而中央则担负起生态系统维护的重担。在《国家环境政策法》(1969)和《洁净空气法》(1987)出台后，美国的中央政府才摆脱了其所制定的环境质量标准在联邦各州难以贯彻的尴尬局面。比如为了解决空气质量问题，联邦政府召开的执行环境标准会议，由各州州长在这个会议上讨论贯彻环境质量标准的具体办法，但是争论和讨论的背后都是各个州长对各州利益的维护和保留。因此，会议的方式没有让联邦政府的意志得以实现。为了解决中央与地方在自然保护上的政令不达的问题，美国的联邦政府通过立法的方式，确立管辖权制度，赋予联邦政府在维护整体生态系统平衡方面的更大的权力。另外，由于美国环保局在执行自然环境法律法规面前软弱无力，因此，联邦政府通过立法的方式，限制了环保局的权力。同时联邦政府还统一了生态环境的评价标准，并设立了公众的诉讼机制，让社会成员可以通过诉讼的方式监督政府的环境执法是否公正。

在单一制国家的日本，由于历史文化的原因，使得现在地方采取自治制的管理模式，这种地方自治，在自然保护和生态系统维护上强调与中央分权。地方的权限来自于宪法的授权，广泛的立法权和行政执法权让地方能够自主地管理和规划辖区内的自然资源使用和生态环境维护工作。地方政府可以根据地情地貌，切实制定符合地方特征的、有针对性的地方自然保护措施，并对当地的自然灾害和环境破坏迅速做出反应。地方政府之间，在治理环境和正确利用资源的措施上，互相配合、互相支持，有效地、灵活地运用先进的技术手段，对自然环境加以改善和修护。而中央则通过《绿色产品优先购买法》(2001)、《环境基本法》(1993)和《循环型社会形成推进基本法》(2000)等法规强化了其在国家环境保护和环境国际合作的社会责任。

由于历史原因，中国采取中央集权制的国家结构。20世纪70年代我国开展环境工作以来，形成了以中央为主导的环境治理模式。中央政府通过制定环境法律法规，加强生态违法行为的纠错执法，通过国家财政税收的手段调节资金的投向，并节制资源浪费的行为，平衡地区生态责任，补偿地方资源开采和生态系统紊乱而付出的代价，保障生态整体安全，承担国家生态责任。在市场经济发展初期，对资源过度地开采和无视生态保护的发展目标，让自然环境遭到了不可修复的损害。现在要想扭转我国被动的生态保护工作的局面，就要理顺在生态管理方面的中央与地方的交错格局，在资源维护和生态保护方面，实现制度化、法治化的目标。中央政府把全国范围的资源问题和生态问题，以及国际生态保护协作的问题，依法确定为中央管理的权限范围的内容，而那些仅仅涉及地方生态利益的问题，确定为地方协调管理的范围。

4.1.3 种族间资源分配和生态责任分担

种族为了谋求发展而争夺自然资源，导致了种族之间的生态利益纠纷发生。种族的发展与国家和地区的发展交错相织。种族的纷争有时跨越国家之上，有时与贫富问题相混合。比如当今社会的美国，白人为多数富人的种族，而美国的黑人种族，则为多数贫穷的种族。在美国侵害黑人种族权利的案例时有发生，有这样一个在生态利益方面的案例：政府把垃圾堆放地点从白人富人区，迁至黑人穷人聚集区，破坏黑人居住地区的生态环境，保护白人居住区域的生态环境。种族之间的生态利益纷争如何评价，需要生态正义价值理念对于种族之间的自然资源分配和生态责任的承担，进行生态正义价值评价，并最终实现种族之间的生态正义。

国家之间、地区之间、贫富群体之间、种族之间以及中央和地方之间的生态利益关系是代内生态正义价值评价的客体，厘清代内生态正义价值评价行为的对象，才能为进一步处理好代际关系和实现代际生态正义打好基础。

4.2 努力协调中的代际关系

生态问题波及地域之广，时间之久，所牵涉的事情之大，是人类难以预见的。生态问题的解决，需要漫长的过程。生态利益的分配和生态责任的承担，不仅仅是当代人亟需解决的问题，同时也是当代人与后代人所应共同面对的问题。这就需要人类改变只关注当代而无视后代的思路，给生态正义价值评价加上时间的评判标准，把当代人对未来的义务和后代人的生态权利，纳入到当代人的生态正义价值内容中，在当代人与后代人之间，搭建自然资源分配和生态责任负担的生态正义价值评价的桥梁，为实现代际生态正义做出实际有效的努力。

代际关系，是指不同时代人之间的生态利益关系。当然在这一概念中，未来人是拟制主体，代际关系所讨论的权利、义务、正义、责任和价值的问题，其本质是对于当代人的要求、约束和赋予，是让当代人在实施生态行为时，把保障后代人基本的生存利益作为底线，要求当代人一定要承担起维护后代人生态利益的生态责任。活在当今世界的我们就是当代的人，我们的子子孙孙皆是后代人，几百年后，甚至几万年后的人类，仍然与我们血脉相连。然而，情感并不足以支撑当代人对后代人持续的生态责任负担，实现代际生态正义还需要完善的社会制度和坚定不变的信念，以及对于生态正义的信仰。当代人如何坚定保障后代人生态利益的生态正义信念，如何担负起对后代人的生态责任，这需要经过从思想到制度，从情感到理性的设定与连接。对于忙碌的普通人来说，有多少人能够在温饱的边缘思考生态、环境和后代的问题。无论是否意识到它的存在，无论是否感受到它的迫切，无论是否承认它的无可回避，而生态正义的问题又时时刻刻摆在我们的面前。

地球是人类的家园，她是个有限的生命体，她的滋养和她的资源，对于人类来说，不是无限的。地球上的能源是宝贵的，多数是不可再生的。一百年过去以后，能源和生命可能会消逝，人类如果不及时纠正现在的能源型生产和生活方式，就必然会对后代人的资源利益造成侵害，使他们的生活受到严峻的挑战。可能许多人都设想过未来的世界，但实际上人类根本无法体验未来世界没有了赖以生存的能源，后代人将如何过活。不仅自然资源是有限的，可供人类破坏和污染的空间也是有限的。当代人对于自然环境造成破坏和污染，对于后世人类的生活空间的影响将一直延续。比如由于前人对于二氧化碳的过度排放，而引发的全球性温室效应，已经让后世人在高温下生活艰难。这些年来，关于地球温度上升的报告，一直在牵动着当代人的神经，它在不断地提醒着我们：人类今天所做的一切损害自然的行为，明天都无法逃避被惩罚的命运。当我们在酷暑难当的日子寻找避暑之地时，当我们挖空心思的思考避暑的办法时，一定会抱怨前人的不负责任的滥砍滥伐林木的行为和损人利己的德行。如若在未来一百年，当代人还不及时调整我们的生产和生活方式，地球的气温可能会继续上升 1.4 摄氏度到 5.8 摄氏度。气温上升会引起冰川持续融化，冰川融化会导致海平面持续上升，到 2080 年时，海平面则会上升大概 40 厘米。近在眼前的危机可以让人类预见到未来将有7000万到2亿人的生存会受到严重的挑战。[①]如果草地退化严重，物种锐减，生态系统失衡等环境问题加剧，那么会进一步导致贫富差距加大，国家间关系恶化，种族矛盾加深。如果未来的世界是这样的状况，那么后代人的生活一定十分艰难。

当代人为了让后代人获得与当代人平等的生存和发展机会，必须要有不惜一切代价的决心和不遗余力的勇气。当代人和后代人共有一个地球，共享有限的生态资源，在地球这个有限的空间内，后代人和当代人必须承担起各自的生态责任，为彼此生存和发展的命运共同努力。如果当代人肆意侵害后代人的资源，就会打破当代人和后代人之间的生态利益的平衡，从而剥夺后代人的生存和发展的选择权利，对于后代人来说，这就是不符合生态正义要求的。

科学技术是一把双刃剑，给人类造福的同时，也让人类付出了沉痛的代价。原苏联发生在切尔诺贝利的核泄漏事件，所摧毁的生命至今让人类仍心有余悸。这些核电站所产生的核废料难以处置，而封存的做法又将风险转移到了后世。生态问题的影响不止步于某一个人群，也不止步于某一个时代，它穿越今世今生，牵动后世未来。几十年、几百年后，我们的后代与当代的我们之间，存在着一种前人种树，后人乘凉的关系。当代人对环境的保护、资源的维护，既会给当代人带来福利，也会让

① IPCC.第四次评估报告:气候变化对工业人居环境和社会的影响[N].中国气象报，2007－06－26.

后代人受益无穷。当代人如果只为了满足当下的私利，把生存危机和风险转嫁给后代人，而不必等到后代人来评价衡量，在当代，这也是不符合生态正义的。当然仅仅是心灵的拷问并不足以对当代人产生震慑，只有法律的制裁，才能够足以预防当代人危及后代人生态利益行为的继续发生。

4.2.1 当代人追逐利益的界限

当代人追逐利益的界限即在满足自身生存需求的同时，也不能侵害后代人的生存利益。毋庸置疑，作为当代人，我们在生存和发展的同时，势必要给后代人留下珍贵的资源和安全的环境。为了达到这个目标，当代人在生存和发展的活动中，要本着多样性的原则为后代人保留资源和物种，这样就可以避免剥夺后代人在选取生态资源和解决生态问题时的比较和选择的权利。然而这些蓝图只是当代人美好的设想。未来的世界是什么样，当代人根本无法确定。后代人还能存在多久，未来的科技会发展到何种程度，当代人也无法预知。既然如此，有学者提出，在这众多的未知下做出对后代人的打算和承诺，是否是杞人忧天的可笑行为。他们认为，如果由于疾病或者战争导致人口锐减，那么后世的地球就不会面临人口爆炸的压力，同时，有限的资源也足够稀少的人类享用，那么现在的担心都只会变成庸人自扰。另外，当代人对于水资源的渴望，对于空气、森林和矿藏的渴求，都是源于当代人的社会价值观的指引，而后代人是否也有一样的需要？是否也有同样的价值观？这些也都是不确定的。当代人的价值观形成的基础，与后代人是不同的。因此，用当代人的价值标准推演后代人的价值追求也是不合理的。

但是更多的学者们纷纷站出来，他们主张，当代的科学技术可以对未来的环境加以预测，除非后代人生理结构发生基因突变，否则，他们源自生理的需求必然使得他们与当代人拥有一样的价值观。尽管我们无从得知后代人是否拥有当代人同样的生活和发展理念，但己所不欲，勿施于人。负责的假定应该是，我们的后代与我们需要一样的生存环境。日本学者加藤尚武认为，虽然后代人所处的自然环境和生活条件与当代人不同，但不一定具有本质的差别[①]。从人类的历史可以看出，自从有人类文明以来，地球的地质情况和气候条件并没有发生翻天覆地的变化。尽管当代人已经拥有了较高的科学技术水平，但是也不能够绝对排除后代人和当代人对资源的需求和生存条件的需求相差无几的可能。人类的价值观虽然可能不同，但是，人类选择的权利则是平等的。如果意识到当代人和后代人之间存在共性需求的可能，那么当代人就不应该肆无忌惮、随心所欲地消耗能源、浪费资源，更不该为满足私利而毁坏我们赖以生存的自然家园。因为这样的行为，既对不起当代人，也有愧于后代人。虽然后代人与我们素未谋面，但是他们与我们之间血脉相连、息息相关，生命的纽带让我们感同身受。代际关系的处理，既关乎当代人的文明，也关乎后代人的生存发展。如何平衡当代人与后代人的生态利益和生态责任，这需要生态正义价值观对他们进行品评和调整。将代际关系纳入到生态正义的价值评价体系之内，其最终目的，仍然是对于当代人的行为进行限制

① 韩立新.环境价值论[M].昆明：云南人民出版社，2005：190－191.

和指引，限制其危及后代人生态利益的行动，在满足当代人基本生活需要和生产需要的基础上，指引当代人适度、可持续地利用资源，可持续地发展。

4.2.2 当代人行为结果的评价

当代人要为当代人违背生态正义的行为的后果负责，当代人仍然要担负起自我评价和自我教育的生态社会责任。因为后代人对于当代人的生态行为的后果所做出的评判，当代人永远无从知晓，所以，这种评判对于当代人毫无意义，也毫无效果。因此，对于当代人的生态行为后果的评价，只有有利于当代人的成长，有利于当代生态文明的建设，才能使得这种评价对于当代人的生态正义实现具有了实用性和有效性。当代人的生态行为是否造成了环境的恶化？当代人的生态行为是否超过了其生存和文明发展必要的尺度？当代人的生态行为能否承担起其应该承担的生态责任？当代人的生态行为是否经得起当代人道德法制的拷问？……这一系列的疑问，都需要对当代人的生态行为做出生态正义的价值评价，才能给出我们最终的答案。

当代人的生态行为，不仅指向后代，而且也指向前代。美国人爱迪·布朗·韦斯(Weiss Edi Brown)提出，面对前代人对于生态资源的掠夺和对自然环境的破坏所造成的恶果，当代人应该义不容辞地承担起弥补前代人过错所造成的损失的责任。[①]如果前代人留给当代人的世界是一个空气污染、资源匮乏的环

① 韩立新.环境价值论[M].昆明：云南人民出版社，2005：159－168.

境，那么当代人必须为了后代人，也为了当代人自己，努力使得环境恢复，并且让资源得以维护。前代人是为了生存和哺育当代人，才对资源过度开采，所以当代人更应该对自然进行补偿，更有义务承担起相应的反哺自然的责任。同时，前代人科学和技术的积累，给当代人留下了克服困难，解决生态危机并承担生态责任的经验和教训。生态知识的传承与生态责任的传递，是前代人对于当代人的贡献和关爱，为了让这种生态保护的使命继续延续下去，当代人也应该承担起对于后代人的生态责任。

综上所述，对于当代人的生态行为的生态正义的价值评价，不仅包含当代人对于后代人的生态责任承担的评价，也包含了当代人对于前代人生态责任的担当的评价。同时，包含了后代人对当代人生态行为的评价，以及当代人对当代人生态行为的评价。为此当代人应该加大环境保护的力度，在资金、人员、制度和体系方面加大投入的比例，支持和鼓励民间环保组织发展和活动，调整当代人的经济发展模式和生活消费方式，节制当代人的过度消费和恶意破坏自然的行为。为了实现当代人的生态正义价值，在对当代人生态行为的价值评价过程中，进行调整或者纠正当代人的生态行为是必要的，而搭建后代人和当代人共同的生态正义价值评价平台，是实现当代人和后代人共同的生态正义的必然选择。

4.2.2.1 价值评价主体难以维护公正

在代际关系中，对于前代人的生态行为的评价和对于当代人生态行为的评价，都是由当代人来完成的。作为生态正义的价值评价主体——当代人，若想在生态正义的价值评价过程中，保证做到公平、公正并不容易。原因是：首先，代际关系中“代”的划分和界定不稳定。何谓“代”？只有准确界定了“代”的含义，才能分清楚“前代”、“当代”、“后代”，才能厘清“前代人的责任”、“当代人的责任”、“后代人的责任”。显然“前代”和“后代”是“当代”的相对概念。代际关系中的“代”分为自然代和社会代，“自然代”一般是以 20 年为一代。自然代际关系，主要是老年和青年之间的关系。“社会代”是基于社会和文化的特征而划分的时代。社会代际关系，是不同时代之间的人之间的关系。代际正义问题中的“代”，既包含自然代，也包括社会代。代际生态正义的价值评价，既是对老年和青年在生态资源的分配和生态责任的分担关系的评价，同时也是对不同时代之下，人类的生态利益的分配和生态责任分担关系的评价。其次，代际生态正义的价值评价主体，在评价过程中难以保持公正。由于生态正义价值评价标准和价值评价尺度具有主体性，因此，代际生态正义的价值评价主体，在设定价值评价标准和价值评价尺度时，无可避免地会加入主体利益的考量因素，在具体落实生态正义的价值评价活动时，代际生态正义的价值评价主体也难以摒弃自利的动机。最后，代际生态正义的价值评价主体，始终是当代人。何谓当代人？如何界定当代人？这里的“当代”，并非是历史含义，与“现代”相对的“当代”的含义不同，这里的“当代”是动态的、变化的和活动中的“代”，而这个动态的、变化的和活动中的“代”，其动态性、变化性和活动性是永恒的。如何把握这个不断变化的当代，如何圈定这个活动中的、动态的、当代的人类群体，如何赋予当代人应承担的生态责任，这个研究工作需要进一步的思考和论证。

尽管生态正义价值的评价主体，很难保证生态正义的价值评价结果的公正，但是人类仍然应该克服困难，努力将生态正义的价值评价主体偏离正义的评价行为拉回生态正义的轨道上。当代人的"代"的界定，和当代人的划定，可以采用动态的方法进行。意思是把所有的时间段都界定为当代，所有时间段上的人类都界定为当代人。这样的界定虽然表面上扩大了当代人的范围，表面上加大了当代人承担生态责任的时间长度，但实际上这样的界定，却能彻底摆脱代际关系界定的理论困扰，同时为落实当代人承担生态责任扫清了障碍。只有时刻牢记身上的生态责任，才能时刻提醒当代人克制自己的过度消耗自然资源的行为，才能规范当代人的生态行为，才能弥补前代人的过失，才能让当代人对后代人的生态利益无愧于心。

4.2.2.2 价值评价尺度难以衡量

代际生态正义价值评价尺度除了有可能会受到评价主体利益诉求的影响以外，还有一个难题，这就是代际生态正义价值评价尺度的制定和选择。由于代际生态正义的价值评价尺度在制定之时，便是循着当代人的思路、沿着当代人的思维制定的，所以代际生态正义价值评价尺度，必定会受到当代人主观因素的影响，所以我们需要一个客观的不受人类主观因素影响的评价尺度。当代人对于生态正义价值的实现需要客观的评价尺度来保障。人类经过多年的生态实践发现的六大生态学规律，正符合生态正义价值评价的客观要求。虽然人类已经发现，并总结了这六大生态学规律，也有意愿遵守这些规律，但是六大生态学规律过于原则，难以量化，在衡量和评价当代人行为的具体过程中，如果没有实实在在的数据指标，很难让当代人认清自己的行为界限。以负载定额律为例，这里的“额”度到底是多少？这是必须界定清楚的评价范围。生态系统的负载定额律，给生态环境的生产力规定了一个大致能够承受的上限，这个上限到底有多大？多广？这就要由不同的生物物种以及可以由该物种所能利用的生态资源和自然能量所确定。生态系统对于每一种物种能承受的压力，也设定了一定的极限。当当代人的行为超过了生态系统所设定的这一极限时，就可能引起物种的消亡，甚至是生态系统的损伤乃至毁灭。当当代人认清这一规律时，就会对自己的行为加以限制。比如在排放污染物时，必须考虑自然的自净能力和自净时间。在人类砍伐树木和采集药材，甚至是捕获鱼类的时候，还要考察自然物种的再生能力。然而排放多少污染物，是生态系统能够承受的？排放多少污染物，生态系统在多长时间能实现自净？而又有多少污染物是生态系统不能通过自己的自净能力化解的？或者是短时间内是无法自净的？在一定区域砍伐多少树木，放牧多少牲畜，捕杀多少鱼类，才不会影响森林、草地和海洋的物种再生能力？这些问题都需要当代人去搞清楚。只有搞清楚这些问题，才能确定代际生态正义的价值评价尺度。现有的科学技术水平，在一些领域已经可以达到将自然的承载能力和自然的承载上限用数据标明的程度。比如生态学家通过长期艰苦地、连续地实验，获得数据的积累，通过模型来界定自然承载的界限。以对内蒙古草地的研究为例，草地学家通过生产力资源和载畜量区域尺度模式评估得出数据，内蒙古草地总的地上生产力为771.7×108kg/a，可食用的生物量为498.1×108kg/a。以2004年为例，内蒙古地区总的载畜量为45.51×106羊单位，与1997年相比，实际载畜量超出了100%，因此，草地学家得出了过度放牧和超过了草地的实际载畜量是内蒙古草地沙化主要原因的结论。[①]从草地学家通过以上几个数据，用生产力、可食用生物量、载畜量界定了单位草场能够承载的放牧极限。从这个案例可以看出，人类能够通过技术手段和科学数据对自己的生态行为界限做出评价，这是草地学家给我们做出的贡献。人类其他领域的研究，也同样为人类的行为界限的划定做出了努力。然而，这些数据的获取需要长期的坚持和连续不断的积累。数据的获取并不容易，代际生态正义的价值评价尺度设定的工作，也不是一蹴而就的。

代际生态正义价值评价尺度的设定，这仅仅是当代人努力界定自己生态行为界限的方向。然而多领域、复杂生物物种的承受能力的界限的数据积累，需要长年累月不间断地付出，这项工作不是一时半刻的激情能支撑人类完成的，这项工作需要当代人对于生态正义的坚定的信仰和始终如一的坚持。生态正义的价值实现有赖于生态正义的价值评价尺度的确定，而生态正义的价值评价尺度的确定，又需要人类坚定不移的对生态正义的信仰，而人类对于生态正义信仰的树立，又要人类几代人

① 李银鹏，季劲钧．内蒙古草地生产力资源和载畜量的区域尺度模式评估[J]．自然资源学报，2004(05)：35－36．

不懈的努力才能达成。在代际关系中，当代人的行为是不以侵害后代人生态利益为底线的。当代人为了生存需要而消耗资源，为了生活需要而消费能源，为了发展人类文明，也需要开扩自己的活动空间，这些林林总总的需要、需求和具体的生态行为，都有可能会侵害到后代人的生态利益。因此，冷静思考当代人生态行为的界限，对当代人与后代人的关系进行生态正义的价值评价，其评价尺度的确定是首要解决的问题，只有解决了代际生态正义的价值评价尺度的确定问题，后续的评价活动的进行和代际生态正义的价值实现问题，才会迎刃而解。

若想解决代际生态正义价值评价尺度确定的问题，这还需要借鉴前代人的生态实践经验的总结和现有的生态科学技术和科学仪器的利用，从而建立对于当代人生态行为的网格化和节点式的评价模式。假设用科学仪器对当代人在某个时间点和某段地域范围的生态行为进行测试，在收集了所有的监测数据之后，如果当代人的具体的消耗行为或者排放行为，超过了某一段时间的生态系统所能承受的界限值，就可以判定当代人的行为超过了当代人的生存需要的生态利益界限，并侵犯了后代人的生态利益。用时间和地域构建代际生态正义的价值评价网格化评价模式，用时间和空间的网格节点监测当代人的生态行为，这个利用科技搭建的评价模式，能够让当代人生态责任的量化成为可能。当然，以某个人或者某个群体的行为对全体当代人的行为加以评价，是片面的，也是不公正的。因此，节点式和网格化的评价模式，主要适用于单个行为或者部分群体的评判，将每个单个行为的影响数字加以综合，就会对一个“代”际关系给出相对客观公正的代际生态正义的价值评价结果。

代际生态正义价值评价尺度的确定，是生态正义价值评价尺度研究的难点。采用网格化和节点式的评价模式，是代际生态正义价值评价活动的支撑。所谓网格化、节点式的评价模式，是指将当代人的生态行为影响结果，用各种数字指标加以量化，用时间和空间分别作为横坐标和纵坐标，以一定的地域内的当代人的生态行为作为评价对象，这样就可以评价出此地域范围内的当代人，在一定时间段内的生态行为是否符合代际生态正义的价值要求。而每个网格上的时间和空间的节点的数据，则是该点上对当代人生态行为实施代际生态正义的价值评价依据。未来世界计算机技术将会在我们的生活中无孔不入，并会让人类的生产生活更为便捷。与此同时，计算机技术也会广泛地应用于人类的各种评价活动中，尤其是对于人类的生态行为进行生态正义的价值评价。由于科学技术的加入，我们发现代际生态正义的价值评价尺度确定虽然有难度，但也有量化的可能。

4.2.3 当代人生态责任的承担

代际关系中当代人应该承担的生态责任，源于社会法律制度赋予他们本应承担的对于后代人生态利益维护的义务。代际关系的平衡有赖于健全的社会制度和法律体系。当代人的社会法律体制赋予了当代人必须承担的对于后代人的生态利益维护的义务，坚守自然资源并保护生态环境的法定义务，和当代人自我约束、自我控制的法定义务。当这些法定的义务不被履行，或者履行不符合规定时，当代人就应该承担起对自己不利的后果，这就是承担起补偿和赔偿的生态责任。

在代际关系中，当代人被赋予的生态义务是由当代社会的法律制度确定的。任何社会的律法都是社会成员意志的体现。当代人如果打算让所有社会成员承担起生态保护的义务，就必须把生态正义的价值理念写进当代人的社会制度和法律法规中，让生态正义的价值理念上升成为全民守护的法律信仰。只有在法律的强制力的监督下，社会成员才能主动或者被动地履行自己的生态保护义务，并承担起对前代人过失的弥补责任，以及承担起对后代人生态利益维护的责任。当代人在代际关系中的生态义务主要分为三个方面：即对于前代人生态行为过失和过错造成的后果的弥补；对于后代人自然资源的守护；对于后代人生态环境的维护。基于维护当代人与后代人代际关系的生态义务的要求，我们可以根据当代人的生态行为的危害程度，对当代人在代际关系中的生态责任加以确定。

对于前代人生态行为过失或者过错造成的恶果，进行弥补的生态义务，是当代人为了实现代际生态正义必须履行的义务。前代人基于全人类文明进步的目的，而利用资源建造了鳞次栉比的高楼大厦，利用能源发动了酷炫无比的钢铁汽车，利用资源点亮了午夜色彩斑斓的霓虹灯，利用能源实现了世代人类的飞行梦想，利用资源烘焙出了人类的舌尖美味，利用能源穿越海底两万里，利用资源编织成了金缕玉衣流芳百世……人类文明的发展一路交织着对于自然资源的燃烧，可以说人类的文明是在燃烧资源中迸发出的辉煌，辉煌的背后是消耗掉能源所剩的灰烬。前代人并没有收拾好四散的灰烬，前代人也没有给当代人和后代人制定好一个人类可持续发展的完美规划。因此，当代人必须收拾心情，背负起前代人遗留下的责任，尽一切努力解决前代人忽视的生态问题，弥补前代人所犯的过错，还原繁星满天的天空，恢复遍地绿色的自然环境，修补满目疮痍的景象。这是当代人应该履行的义务，如果当代人逃避这些义务，或者不尽心履行这些义务，就必然要承担相应的处罚。

当代人可能会留给后代人巨大的物质财富，然而，到那时，这么巨大的财富却不能买到足够的、清澈的、可以饮用的水资源，也不能买到每秒钟都离不开的新鲜空气，更加不能换来安全可靠的食物……。因此，当代人无论积攒下多少物质财富，都不及为后代人们留下一个干净安全的生态环境，也不及为后代人留下丰富物种的自然家园更有意义。这是当代人应尽的义务，却也是当代人对于后代人卸不下的责任。但是如若当代人没有履行他们的义务，可想而知给后代人会留下什么样的世界。虽然我们来不及在看到后代人的世界后，再来评判当代人的行为，但是从现有的科学技术水平和人类已经掌握的自然规律，以及收集到的来自世界各地的自然环境数据，我们可以预测出当代人的行为对于未来后代人的生存状况的影响。我们可以利用这些数据、资料以及生态学规律制定当代人的行为准则，让当代人承担起其法定义务，让当代人在违背其在宪法前许下的诺言时，必须承担起补偿生态的责任和赔偿相关利益群体的责任。

我们制定了维护生态系统平衡和保护自然资源的法律制度，并且赋予了当代人维护生态系统和保护资源的法定义务，以保障在没有道德约束的情况下，还有法治能够帮助当代人履行其应尽的法定义务。但是只有宏观的制度，是不能让当代人的责任落实的，我们只有通过更具体的规定建立强大的责任承担机制，才能让当代人的生态责任不落空。代际关系的平衡需要当代人负担起更多的生态责任，而若想让当代人负担起应该承担的责任，还要确定几个追责主体：即生态责任的监督主体、生态责任的追究主体和生态责任的评判主体。每种主体根据在机制中所扮演的角色，所承担的任务各不相同。生态责任的监督主体担负的是对当代人日常生态行为的监测，通过制定时间监测制度，以定期监测和不定期监测相结合的方式，及时发现当代人危害生态系统的行为，并及时采取纠正的措施。当代人的生态责任追究主体是当代人的司法系统。当代人给现有的检察院和公安部门配备生态执法的职权，在当代人存在违背生态法律规定的行为时，由公安部门进行调查取证，由人民检察院提起生态违法行为公诉，让相关的生态责任人负起法定的生态责任。生态责任的评判主体是最后判定承担生态责任的主体，由人民法院对当代人的生态行为进行分析、评判，最后判处相关的行为人承担赔偿、补偿，甚至是让其承担进一步惩罚的结果。

4.3 种际关系的可持续发展

种际关系泛指物种之间的对立统一关系。种际关系作为生态正义的价值评价客体之一，对其评价的意义在于进一步深入剖析物种对于人类的生存和发展的意义所在。人类与其他的物种之间的关系表现为以下特征：其他物种对于人类需要的满足性，对于人类生活的服务性，对于人类活动的配合性，对于人类繁衍的必要性，对于人类情感宣泄的附和性，以及人类对于其他物种的保护和利用性。正是种际关系的这些特征，使得人与其他物种在相处的过程中形成了对立统一的关系。也正是这些特征，让作为物种之一的人类，与其他物种之间的种际关系，成为了种际生态正义的调整对象。

4.3.1 人与其他物种的对立统一关系

人与周围的环境和在环境中其他的物种，在生存问题上是存在矛盾的关系的，而这一关系的正确处理，与人们社会生活所信奉的生态正义观紧密相连。对于物种的存在价值的关注，也是促使笔者将人与其他物种对立统一关系进行反思的直接因素。那么如何平衡人与其他物种的关系，如何实现人与其他物种彼此相对独立，又能最终利益统一的目标，也是对于生态正义进行价值评价的重要任务。

美国联邦最高法院在濒危物种保护的一个案件的判决书中有这样一句话：“ There are keys to puzzles which cannot solve, and may provide answers to questions which we have not yet learned to ask. ”[①]意思是，当我们仍然还没有想到问题的答案时，濒危物种为我们提供了思路。很多国外的经典成功案例给我国为生态危机和环境问题的解决，拓宽了思路，开启了解决问题的新程式。

① 汪劲，严厚福，孙晓璞. 环境正义：丧钟为谁而鸣[M]. 北京：北京大学出版社，2006：03.

4.3.1.1 人与其他物种的对立关系

美国布莱克门大法官有这样一段话，把人类和自然的关系描绘得很贴切，“谁都不是一座孤岛，自成一体；每个人都是广袤大陆的一部分，都是无边大海的一部分。如果海浪冲刷掉一个土块，欧洲就少了一点……任何人的死亡都使我受到损伤，因为我包孕在人类之中。所以不要问丧钟为谁而鸣，它为你而敲响。”①

大概经历 35 亿年的演化，地球上积累了丰富的物种资源，这些物种资源，是地壳和冰河期、火和物种之间的相互对抗和作用带来的巨大的能量孕育出来的。迄今为止，科学家们发现的自然界的物种约为 1400 万个。然而其中只有 10 多种的动物和植物为人类使用。其他物种全被大多数人视为与这 10 多种动植物相矛盾的害虫和杂草。人类的活动不断的改变自然界的物种资源，从农业社会到工业社会，一万年间的物种发生了巨大的改变。人类的活动重塑了地球的一切，随着人类向自然索取方式的改变，对于自然资源的利用和开发毫无节制地进行了下去，这就造成了人类和其他物种的生存矛盾。当人类发明了声纳定位仪导航，并且学会了配备一次足够装下 10 多个大型捕鱼网的巨型货船，这些设备和技术，使得哺育了人类几个世纪之久的渔业资源，在声纳定位仪的滴答声和轰鸣的货轮马达声中，几年之内几近枯竭。过度的攫取自然资源，让我们在得到丰富的食物和舒适的生活环境的同时，也让自然界的物种进一

① 汪劲，严厚福，孙晓璞. 环境正义：丧钟为谁而鸣[M]. 北京：北京大学出版社，2006：156—157.

步地退化。日复一日、年复一年，人类的行为让这个自然界内的很多物种逐渐灭亡。这些物种正在以每天24种的速度无声地消亡，物种的逐渐消亡预示着人类很可能成为地球上少数剩下的生命。

1978年美国田纳西流域管理局诉希尔案[①]，在2011年美国环境法教授网上投票选出的十大环境法判例中荣登榜首，可见该案在美国社会的影响之大。该案源于《濒危物种法》(1973)中第七条的规定，“联邦部门和机构应当……通过执行和保护濒危物种的项目促进本法的目的……通过采取这些必要的措施，确保他们授权、资助或者执行的行动，不会危及这些濒危物种的持续生存，或者破坏或改变，被部长指定为对这些物种的生存具有关键性意义的栖息地。”[②]该法通过不久后，有人要求把一种小鱼列入濒危物种的名单，这种小鱼名为蜗牛镖。执法者考虑到蜗牛镖仅仅明显地生活在小田纳西河的某一部分，而在泰利库大坝建成后，这部分栖息地会被水库完全淹没，因此，执法者宣布了该大坝的区域为蜗牛镖的“关键性栖息地”。尽管这个大坝建设已经耗资数千万美元，但是执法者仍然宣布了一个规章，为了遵守该法的第七条的规定，“所有的联邦机构必须采取这些必要的措施，确保他们授权、资助或者执行的行动不会危及这些濒危物种的持续生存，或者破坏或改变被部长指定为对这

① 汪劲，严厚福，孙晓璞. 环境正义：丧钟为谁而鸣——美国联邦法院环境诉讼经典判例选[M]. 北京：北京大学出版社，2006：161－203.

② 秦红霞. 论《濒危物种法》的保护效力[J]. 重庆科技学院学报(社会科学版)，2010(01)：38－51.

些物种的生存具有关键性意义的栖息地。”[①]地区法院虽然认为蓄水库可能危及到蜗牛镖的持续生存，但却指出国会虽然充分意识到蜗牛镖的问题，但还是继续为泰利库大坝拨款。同时地区法院还认为“在一个联邦工程如此接近完成而又无法更改的时刻，一个衡平法院不应当适用一部在工程开始之后很久才颁布的法律，去产生一个不合理的结果……然而上诉法院推翻了地区法院的判决，命令地区法院永久地禁止工程的完工。”[②]美国最高法院最后的判决是维持上诉法院的判决。

从田纳西流域管理局诉希尔案中，我们可以看到，美国的执法者捍卫生态正义的决心和信心，以及全体法治人员的努力和不惜一切代价的决心。巨大的经济利益不仅没有使他们退让，反而让他们坚定地维护了生态正义的精神。比起美国在该案件中体现出的坚定的维护生态正义的信念，中国的执法者和政府部门的一些执政行为值得我们反思。在中国，目前充斥的违法违规建设项目，在遭遇到生态环境评价不达标的情况时，往往最后却都是事到临头补办环保评价手续了事，这些事件的背后，暴露出了执法者和执政者，在经济发展利益和生态利益存在矛盾时，经济发展利益至上的执法、执政思想，和中国社会唯经济发展、唯 GDP 目标追求的不健康的社会现实。生态正义的价值实现在这样的人类活动中遇到了困难，生态正义价值让

① 汪劲，严厚福，孙晓璞. 环境正义：丧钟为谁而鸣——美国联邦法院环境诉讼经典判例选[M]. 北京：北京大学出版社，2006：161—203.

② 谢秋凌. 美国生态环境保护法律制度简述[J]. 昆明理工大学学报（社会科学版），2008(01)：10—14.

位给经济发展价值，最终让生态正义难以实现。

田纳西流域管理局诉希尔案的判决一经做出，让美国社会震惊，这一案件的意义不仅仅是保护了蜗牛镖的生存栖息地本身，同时也使得美国全社会开始认真思考濒危物种和生态保护的价值。可见只有具备了壮士断腕的勇气和决心，才能在可持续发展的目标实现上取得巨大的成绩。中国社会也正在期待着一次惊世骇俗的重大生态保护的执政行为，一次能让中国全社会彻底转变唯经济发展的固执理念的生态保护执法事件。只有如此，中国社会才能真正步入实现生态正义的进程。只有如此，生态正义才能在人类的行动之下得以伸张。只有如此，人类的生态利益才能与自然界其他物种的生态利益和谐统一，并达成一致。

4.3.1.2 人与其他物种的统一关系

把物种与自然环境看成一个统一的生态系统的概念的提出，虽然非常早，但明确提出"生态系统"这一概念是英国生态学家A·G·斯坦利(A·G·Stanley)在1935年提出的。随着人类活动的影响范围日益扩大，生物圈被直接或者间接地影响，适合人类生存和其他物种生存的生态系统，在人类活动对于自然的改造下形成。而这种打下人类活动烙印的生态系统，受到外界的影响和干扰后，如果超过了自身的调节能力，必然会导致生态系统物种的种类和数量发生变化，使得物种生产能力下降，生物量下降，结构失调，功能紊乱，能量循环和物质转换不顺利，从而使得生态系统失去平衡。

物种资源是孕育人类文明、发展人类文明的巨大能量。物种的多样性对于人类具有现实意义和潜在价值。物种资源的丰富和多样，成就了人类赖以生存的物质环境。自然界中的物种支撑了工业、农业和医药等行业，而这些行业正体现了我们对于自然的重要需求。为了制造医治疾病的良药，防止病、虫危害粮食作物，人类研制抗击药物。人类为了抵御寒冷的天气，而制作御寒衣物，为了解决干旱问题，而建造河道。人类一次又一次借助自然的资源，向自然求助。现实告诉我们，只有和其他物种和谐相处，维护物种的多样性和稳定性，让各个物种有规律地相互作用，才能使得人类和其他物种共存共荣于自然界。自然对于人类的生存发展的重要意义是其他任何事物都无法取代的。所以，人类更应该珍惜自然，尊重自然，人类之间更要彼此互助，在维护物种的相对稳定的同时，实现人类与其他生物物种之间的平衡协调。

多样的物种为人类的食物和农业发展提供了遗传的生物资源。多样的物种也构成了人类世界食物安全的基础，并为人类的繁衍生息做出了巨大的贡献。除了帮助人类生存繁衍，多样的物种也为人类的经济发展带来了巨大的推动力，而这力量是不以国家为界限的。并且物种的多样性，对全人类的经济发展也意义重大。比如美国的加利福尼亚的大麦，在遭受病毒性病原菌危害的时候，来自埃塞俄比亚的作物品种帮了大忙，使得加利福尼亚减少了大麦的损失。可见人类的健康和幸福多么需要多样物种的存在和发展。20 世纪 90 年代，世界上最受欢迎的 25 种药物至少有一半源于自然资源。全世界源于遗传资源的药物价值不菲，这是由于人类的卫生保健主要依靠传统药物，而传统药物皆取自于自然界的物种资源。多样性物种在人类的生存环境的维护上也功勋卓著。在保护海岸带、调节气候和水循环、分解废弃物等方面，多样性物种通过各种方式对人类的生存环境的建设默默地努力着，这些努力应该得到应有的、公正的生态正义的价值评价。

自然界的其他物种对于人类繁衍发展意义重大，他们对于人类的支持和贡献不胜枚举，从穿衣、吃饭、住房、走路到医疗、体育、艺术、科技，从这些基本的生活需求，到人类发展的进步要求，都离不开人类对物种资源的开发与应用。人类与其他物种的和谐统一，如果遭到破坏，就会降低生态系统的生产能力，进一步降低自然对于人类提供物质资源和服务的能力。破坏物种的多样性和稳定性，会影响到整个生态系统的稳定，并且削弱生态系统自身的抗洪、抗旱、抗风和抗寒等抗灾能力。这些能力的削弱，对于人类的温饱、健康和安全都会造成威胁。因此，人类为了自身的生存发展，也为了生态系统物种的多样稳定，更加为了人与自然的和谐共处，就应该尽快建立起生态正义的社会评价制度。维护人与自然界其他物种之间的和谐统一，既是实现人类生态利益的需要，同时也是为建立评价人类生态行为的标准需要，既是人类可持续发展的需要，同时也是人类生态正义的价值实现的需要。

大多数生态资源，例如水资源、空气、草场、森林和矿藏等，既是当代人的赖以生存的要素，同时也是后代人和其他许许多多物种维系生命须臾不可或缺的资源要素。人类向生态系统过度的索取资源，甚至破坏这些资源，必然会导致当代人、后代人和其他物种都无法生存，最终导致人类走向灭亡的命运。于是，共享生态资源，与其他物种和谐相处，成为了种际生态正义的重要内容。与其他每一个物种一样，人类也不能独占生态资源。同时，人类也不能够为了自己的生存发展，多占资源。因为任何一个物种多占资源都会导致其他物种所应该享有的资源份额的减少，所以人类在与其他物种相处的过程中，应该以资源的共享为资源分配原则，以生存的基本需要为底线，这样才会实现生态系统的和谐稳定。

4.3.2 人与生态系统的相偎相依关系

人与生态系统的相偎相依，既是人类可持续发展的需要，也是生态系统平衡发展的需要。生态系统是生物群落及其生存的环境在特定空间中的组成，生态系统中各个成员凭借能源流动和物质循环形成了不可分割的功能复合体。在生态系统中动物、植物和微生物，相互依赖、相互作用，不断进行能量交换和物质循环。人类也是生态系统中的一员，在生态系统中，人类与其他成员一样，要相互制约并相互协调，人类有义务保持整个系统的稳定协调。在生态系统中，作为生产者的绿色植物，与作为消费者的人类，和作为分解者的微生物之间，彼此进行物质和能量的输入和输出以维护生态平衡。人类的可持续发展与生态系统的平衡密不可分，这是大自然的奥妙所在。生态系统的平衡是数十亿年演化的结果，是不容破坏和扰乱的。人类活动和自然演化的过程相互作用，共同织成了生命之网。在这张生命之网中，人类只是其中的一个组成元素，并且完全依赖这张生命之网。

物质的自由循环和能量的自然流动，以及信息的传递流畅，是生态系统实现平衡的标志。当然物种的多样性，也是生态系统平衡发展不可或缺的重要组成部分。生态系统是否平衡发展，是人类的生态正义的价值评价标准。生态系统的平衡发展，是人类的实践活动不能触碰的底线。然而现实情况是，在越来越严重的生态危机面前，人类并没有采取可行的措施和积极有效的行动，以及制定掷地有声的政策法规。日积月累，人类的生态实践让自然从自在状态变成了人化状态，而当人类对于自然的“人化”超越了自然的负荷，必然会打破自然的平衡，也正是因为生态系统失衡，又引发了一系列的生态“过敏”现象。比如人类的不符合生态学规律的行动，影响了物种的循环，破坏了能量的自然流动，扰乱了信息的传递。人类从这些“过敏”信号中，得知了自己的行为已然超过了自然所能容忍的限度。因此，人类应该采取必要的措施来调节生态系统，让生态系统从失衡状态，转变为平衡状态。人类的实践活动是否有益于生态系统的平衡，将成为评价人类实践活动是否正义的重要的价值评价尺度。这个尺度是积极的价值评价尺度，而非消极的价值评价尺度。我们不是以人类的活动是否导致生态系统的失衡为生态正义的价值评价尺度，而是以人类的实践是否有利于生态系统平衡为生态正义的价值评价尺度。

自从 1972 年可持续发展这一理念提出，人类对于未来又再一次燃起了绿色的希望。让生态系统维持平衡，使得人类对于生态系统的开发和利用，既能满足当代人的需要，又不危害后代人的生存发展，是可持续发展的核心内涵。人类的发展必然会耗损、会消磨生态系统中的资源，而大多数的自然资源都是不可再生的，这就需要人类在发展中控制好节奏和步伐，掌握好尺度，这样才能让人类的发展速度和发展内容，既满足发展的需要，也能保护好自己赖以生存的森林、土地、淡水和空气等所有的自然资源，让生态系统的可持续发展与人类的可持续发展并行并进，使得人类的文化得以子子孙孙、世世代代永续发展。可持续发展虽然与自然保护密切相关，但可持续发展与自然保护又不是同一含义。虽然自然的保护是可持续发展目标的重要方面，然而，可持续发展的核心，在于“发展”；在于尽可能地控制人口数量，提高人类整体素质；在于在保障资源的可持续利用的基础上实现经济社会的发展进步。可持续发展是以人的生存和发展为目标和评价标准的。人类的生态利益的保障，与人类社会的政治、经济、文化和科技等诸多的因素牵涉在一起，而这些因素又直接或者间接地影响了来自于政治、经济、文化和科技等方面的各项指标。这些指标又共同组成了生态向量的变化趋势。可持续发展集合了这些向量，并要求这些向量呈现单调增加态势。要想达到这样的要求，需要全人类的协同合作和共同努力，需要我们日复一日、年复一年的坚持与坚守，更加需要我们对于生态正义的信念的坚持与守护。只有这样，可持续发展的绿色梦想才会实现。只有这样，生态系统的平横与稳定才能维持。只有这样，人类才能世代传承那一份绿色的文化。可持续发展是人类对于自身文明发展的反思结果，是人类对于解决全球性的生态危机引发的社会问题所做出的理性的选择。可持续发展也是全世界各个国家的共同梦想，可持续发展是生态正义价值的终极理想，它是值得人类共同为之付出代价的目标，也是值得我们共同为之努力的目标。

第 5 章

生态正义的价值评价尺度

生态正义的价值评价一直以来的难点和关键性问题，就是生态正义的价值评价尺度的确定。一旦把这个评价尺度确定下来，人类就能够把握自己的行为，不逾越自然承载的界限，做到既保护生态资源，也不放弃人类的经济和社会的发展。然而找到这个“尺度”还需要注意到价值评价尺度的主体性差异和客观性需要。受到生态正义的价值评价主体的复杂性的影响，生态正义的价值评价尺度必然表现出主体差异性。然而如果不能控制生态正义的价值评价的主体影响，那么生态正义的这个价值评价尺度，也不可避免地会有失公允。所以，一个中立的、不受价值评价主体影响的客观评价尺度，就显得更加弥足珍贵。国内学者韩立新也认为，代内正义的实现需要用合理的标准来对生态资源进行分配，并完成生态责任的划分。然而，生态正义的价值评价尺度的研究，不仅局限在代内正义的领域，在代际正义、种际正义中。生态正义的价值评价尺度的确定也意义深远。

5.1 生态正义的主体评价尺度的表现

选择尺度做出考察或者评价的主体，就是评价行为实施的主体。主体之间的差异，必然牵连评价尺度本身并影响评价尺度应用的结果。生态正义的主体评价尺度，分为不同人类主体的差异评价尺度和不同人类主体的共同评价尺度。

5.1.1 不同人类主体的差异评价尺度

生态正义的价值评价主体，在不同的社会关系中，具体表现为不同的身份。在国际关系中，国家之间的生态利益关系，由国际生态正义的评价主体来评价。种族间的生态利益关系，由种族生态正义的评价主体来评价。而在一国之内，贫穷和富有的群体之间的生态利益关系，由他们之间的评价主体来评价。不同的评价主体所运用的评价尺度，都会沾染评价主体的思考和评价主体的指令，由此所形成的具体的生态正义价值评价尺度，也必然会不同。

5.1.1.1 国际生态正义价值评价尺度

在选择或者确定国际生态正义的价值评价尺度时，作为评价尺度的确定一方国家，其利益考量和价值观，将会被写进国际生态正义的价值评价尺度中，并且评价尺度的坐标设定，也一定会有利于评价主体的生态利益。国际生态正义价值评价尺度的选择，如果任由被评价的国家的任何一方参与，那么参与一方的国家，在评价尺度的确定中，其生态利益就会被格外保护，而没参与选择的其他国家，则不论评价过程如何公正透明，评价结果都不会对他们有利。

试想如果在发达国家和发展中国家间存在生态利益纠纷的情况时，比如资源分配的不公平导致的纠纷，生活垃圾或者生产垃圾污染风险转嫁导致的纠纷，那么在发达国家和发展中国家之间就必然需要生态正义价值评价尺度的应用。如果国际生态正义的价值评价尺度由发达国家确定，那么发达国家很可能把资源分配的标准直接界定为高于发展中国家的资源分配配额的标准。这样即使发展中国家获得的资源分配配额少于发达国家，也不能主张自己受到了违反国际生态正义的对待。原因在于评价尺度在制定之初，就已经对发展中国家不利了。因此，国际生态正义的价值评价主体，决不能是某个国家，而只能是中立于国家的国际组织。国际组织处于中立的地位，能够在不受到任何国家的干扰下确定国际生态正义的价值评价尺度，尽可能地主持国际生态正义的实现。而中立的、公正的、国际生态正义的价值评价尺度，是以尊重各个国家主权为前提，以各国国境为权利保护和责任认定的界线，以互不侵犯国家生态利益为底线的生态正义的价值评价尺度。

在国际生态正义问题上，发达国家和发展中国家争论最激烈的问题，也是一直影响至今的问题，是发达国家与发展中国家的生态责任的分担的问题。发展中国家认为，发达国家已经经历了发展的过程，并且在发展过程中所造成的环境污染、资源过度开采和空气污染等生态问题，一直延续至今。可以说，发达国家在收获了今天的成就之后，却把自己所造成的生态危机，让全世界人民来一起负担的做法是不符合国际生态正义的，对于发展中国家来说，也显然是不公平的。因此，发达国家与发展中国家，在这个生态利益上的纠纷的协调，就可以通过国际组织运用国际生态正义的价值评价尺度，对发达国家和发展中国家的生态行为和生态责任加以评价，进而重新分配发达国家和发展中国家应该承担的生态责任。根据多消耗、多补偿的原则，让发达国家根据国际生态正义价值评价尺度衡量出的责任范围，承担起其应该承担的生态反哺和补偿的责任，以及分享生态治理专利的责任。

5.1.1.2 种族生态正义价值评价尺度

种族的问题可能发生在一国之内，也可能跨越国界成为世界种族的问题，而当今种族平等和种族权利的维护，早已经不是一个国家内部的问题。虽然种族歧视问题往往表现在一国境内，但世界人民更希望把种族平等权利的维护，作为全世界共同关注的问题。所以，如果种族之间发生生态利益纠纷，仍然需要中立于各个国家的国际组织主持种族之间的生态正义。同样对种族之间的生态利益关系加以评价，也要由相关的国际组织确定评价尺度。

种族之间的生态利益纷争往往杂糅了政治因素，而一旦有政治利益牵涉其中，种族的问题也就会更加复杂了。所以，为了降低政治因素的影响，选取相关国际组织制定评价种族生态利益关系的生态正义价值评价尺度，就一定程度上避免了政治因素的干扰，也尽可能保障了种族之间生态资源分享和生态责任分担的公正。以美国为例，源于种族歧视而引发的人权问题，从美国社会的各个方面都暴露出来。近年来，由于美国白人警察在执法过程中存在种族歧视，而发生的误杀事件，让美国社会又发生了不小的骚动。然而，接二连三的白人警察暴力执法伤害事件，偏偏都是发生在黑人身上。于是，压抑在美国民众心中的对于种族歧视的对抗，就一下子宣泄出来。然而，美国的种族歧视问题，不只表现在执法实践上。在生活环境上，美国白人的资源条件，往往比黑人和其他种族要优越得多。这是因为，美国社会所选取的生态正义价值评价尺度本身就具有种族歧视的特征。所以，在美国社会发生的种族间的生态利益纠纷，依靠美国政府自己是难以解决的。因此，依靠国际组织的力量解决美国的种族间的生态正义问题，让国际组织来制定种族生态正义的价值评价尺度将更有力量和执行力，也更让人期待。

5.1.1.3 国内生态正义价值评价尺度

“大多数针对环境质量而建议的解决方法，都将直接或者间接地给穷人或者低收入人口带来不利影响。”[①]诺曼・法拉梅利(Farah Melli Norman)将生态保护的需要与生态正义要求之间的张力在富人和穷人之间的表现，清晰的阐述了出来。实际上国内生态正义所包含的内容，不仅仅包含贫富差距的问题，还有性别歧视的问题、民族矛盾的问题等等。然而，表现在生态利益关系上，贫富两方群体在资源的争夺和生态责任分担上的矛盾最为突出。因此，本书在这里着重论述贫富群体的生态正义问题，阐述贫穷群体和富有群体，在划分彼此之间的资源利益界限和生态责任界限的问题。

① 梁建琴.环境正义的法律表达[M].北京：科学出版社，2011：56－60.

必须承认无论国家性质如何，无论国家实力如何，在一国境内一般都是占有多数财富的少数富人，掌握了国家的“发声体系”，而且这些少数富人通过国家机构占据了更多的资源。即使如此，也没有让这些富人满足现状，他们还把本应承担的自然风险，也转嫁给了贫穷的群体。由于少数富人掌握了生态正义的价值评价尺度的制定权，所以这个少数人的生态正义价值评价尺度，就成了少数富人为了实现自己的生态利益而采用的工具。既然少数人确定的生态正义的价值评价尺度，是服务于少数富人的生态利益的，那么与之相对的多数穷人的生态利益，必然会被忽视，甚至是被侵犯。因此，仅由少数富有的一方选择或者确定的生态正义价值评价尺度，是不利于生态正义在人类社会的实现的。仅代表少数人利益的生态正义价值评价尺度，也是不可取的。既然生态正义的价值评价尺度，由少数富人一方主体选定是不合理的，这样的做法也是不可取的，那么由多数贫穷人来制定的生态正义的价值评价尺度，是否就符合生态正义的要求了呢？尽管社会上的绝大多数人仅仅占有少数财富，但是他们聚集的声音，却是不容小视的。既然代表了社会上的大多数人的利益，由这些贫穷的人所确定的生态正义的价值评价尺度，也应该是符合社会上多数人的生态利益要求的。但是，由于他们所掌握的财富有限、知识有限、技术水平和科学手段都有限，他们制定生态正义的价值评价尺度的能力很可能不足。同时，作为一种全社会的生态行为影响的价值评价尺度，必须具有对全社会的普适性。仅代表大多数人的利益，也只说明它在一定范围的适用性，而不能应用于全社会。所以，即使贫穷群体汇集了社会上的大多数人的利益诉求，但是其所制定的生态正义价值评价尺度，也不能适应全社会的生态利益诉求。只有中立于贫富群体利益的主体制定出的生态正义的价值评价尺度，才具有社会普适性，才能对贫富群体之间的生态利益关系做出公正的价值评价，才能真正实现国内社会的生态正义。国内生态正义关于贫富群体生态正义的价值评价，需要贫富群体双方共同推举的政府来确定评价尺度，这个评价尺度也应该依据消耗与补偿成正比，责任与能力相承接的原则加以确定。

5.1.2 不同人类主体的共同评价尺度

人类的地位、财富、知识和能力会影响人类的价值观的选择，进而影响人类对价值的信仰，以及信仰的忠贞程度。因此，在不同的价值观和信仰的指引下，人类主体选择的生态正义的价值评价尺度也会不同。但是无论什么样的人类主体，有利益冲突的时候，也会有利益统一的时候。人类主体利益汇聚的焦点，正是人类的可持续发展。因此，人类在生存和可持续发展的问题上，可以达成共同的生态正义价值评价尺度，并为了人类共同的生态利益的实现而划定人类的行为界限和空间跨度。人类的文明已经持续了几千年，人类的梦想也步步推进、节节攀升、星火相传。人类发展的脚步从未停滞，人类对生命的探索也一直坚定。当人类生存和发展遭遇到前所未有的生态危机时，智慧的人类提出了一个共同的理念，那就是，为实现人类社会的可持续发展而共同努力。可持续发展是在代际问题中提出的，是人类想出的解决人类生存发展危机问题的努力方向。然而可持续发展是方向是目标，要真正实现可持续发展，还需要制定详细的计划，按照计划一步一步的实行。可持续发展除了需要计划，还需要价值评价尺度。有计划，人类可以规划未来；有尺度，人类才能化分自己行为的时空界限，保障自己的行为不超越边界，不打乱计划。如此，才有可能把可持续发展理念在人类思想的轮廓勾勒出来，并变成人类踏踏实实的行动和奋斗目标。人类的生存发展和生态保护，是需要同时关注的问题。可持续发展要求人类把生存发展目标和生态保护目标都要兼顾，最终实现人类共同的理想，即人与自然的和谐发展。因此，不同人的共同的生态正义价值评价尺度，就是可持续发展的生态正义的价值评价尺度。在人类共同的坚守中，可持续发展的、生态正义的共同评价尺度，必然能够为人类生态正义的价值实现发挥现实可行的作用。

生态正义是人类整体的生态正义。生态正义价值评价尺度，也是人类的生态正义价值评价尺度。可持续发展的目标，也是以人类社会的可持续发展为最终目标。然而，在生态正义的价值评价尺度选择时，难以剥离人类的本性。无论在人类的生活方式的选择上，还是在人类生产方式的转变中，无论在人类文明的建设上，还是在人类可持续发展的生态文明的探索上，都无法抹去人类的影响。人类能够做到的是，尽可能地限制自己的欲望和规范自己的行为。而且，人类也绝对具有坚定的信心，能把限制自己欲望和规范自己行为的想法，用生态正义的价值评价尺度的方式确定下来。人类能够用生态正义价值评价尺度管理人类的行为和行动，使之不偏离人类的生态正义的价值目标的实现。

5.2 生态正义的客观评价尺度的表现

为了减少人类主体对于生态正义价值评价尺度和评价活动的主体性影响，生态正义的价值评价，需要客观的、相对稳定的和相对独立的评价尺度。人类的科学活动积累的科学发现和科学经验，能够帮助人类把握自然变化的规律，同时辅助人类掌控自己活动的范围和尺度。生态正义的客观评价尺度，包含来自宏观管理的制度评价尺度和进行微观管理的技术评价尺度。

5.2.1 生态正义的制度评价尺度

生态正义的制度评价尺度，是从宏观管理的层面给人类的生态行为划定时空的评价标准。人类的生态正义的制度评价尺度，根据适用的范围不同，由不同的评价主体，在不同的社会关系中制定生态正义的价值评价尺度。

5.2.1.1 国际生态正义制度评价尺度

国际生态正义的制度评价尺度，由于要适用于全世界范围内国家之间的生态利益的调整，因此，该制度评价尺度必须要由在国家间保持中立的国际组织来制定。国际生态正义的价值评价工作的主持者，目前较为适合是联合国环境规划署。选定联合国环境规划署来制定国际生态正义的制度评价尺度，原因是联合国环境规划署具有一定程度的权威性，在国家之间生态利益纷争中，联合国环境规划署也有一定的调节功能。因此，由联合国环境规划署来制定国家之间的生态正义的制度评价尺度，能够在国家之间发生一定的约束力。国家之间的生态正义的制度评价尺度，可以从国家间的共享资源分配、毗邻国家的生态责任的承担和转移，国家间生态危机的共同应对，这三个方面来进行制定。

首先，在国家间共享资源分配方面，首要必须遵守的原则是主权原则。比如跨越两国边界的山脉，山脉中蕴藏的矿藏资源为两国共有，但是要以两国共同认可的国土边境线为权利划分依据。两国在不跨越共同认可的边境线的前提下，开展矿藏资源开采。同时各国家还要注意到资源的可持续利用，不能够过度地开采，否则破坏了资源的再生能力，将对两国的生态利益都是损害。再比如，在公海上，开采石油或者是排放废物，各个国家应该遵守相关的国际协定，不能超过各自的权利界限，也不能逃避各自的责任承担。依照联合国的“优先开采权”规定，首先拿出详细的科学考察调查数据的国家，在数据的基础上获得优先开采的权利。这样的制度规定，有效地界定了国家间的资源开采的权利界限，并且，也得到了世界各国的普遍认可。类似这样的制度规定，在国际规定中还有很多。同时，规定的制定主体，在各个专门领域也有效地行使了相应的评判的权利。

其次，在毗邻国家的生态责任的承担和转移方面，国际生态正义的制度评价尺度，也能发挥有效的评价作用。比如，当河流上游的国家向河流中排放污染物，使得河流下游的国家的生态利益遭受了侵害时，那么河流上游国家就要担负起对河流污染的治理责任和对下游国家的生态赔偿的责任。就像印度尼西亚的芝塔龙和尼日尔河三角洲，这些流域附近的小工厂把污染物排放进河流，让流域内各个国家都受到了污染。因此，理应通过国际生态正义的制度评价尺度，让污染物排放的国家承担起清除污染物的责任，和对这些国家的赔偿的责任。再如，中国和蒙古国毗邻，由于蒙古国长期的过度放牧导致的草场沙化，而掀起的沙尘暴灾害，造成中国内陆地区的扬尘天气，给中国人民的工作和生活带来了极大的不便。虽然导致中国的沙尘暴灾害的原因并不只是蒙古国过度放牧这一个原因，但是蒙古国的过度放牧导致的草地沙化引发的沙尘暴也的确侵害了中国的生态环境利益。因此，蒙古国就应该承担起治理本国草地沙化的责任，以及承担与中国联合防治沙尘暴灾害，并对中国进行赔偿的国际生态责任。中国经常用一衣带水来比喻与中国毗邻国家之间的关系，毗邻国家之间不仅仅只有生态利益共享的关系，也有生态责任分担的关系。毗邻国家之间既有利益纠纷，也有利益统一。在生态责任的承担上，完全可以通过毗邻国家之间的生态保护联合协议互通有无，共同建设毗邻地区的生态环境，共同保护毗邻地区自然资源。如果能够搭建起毗邻国家之间的彼此信任的桥梁，通过协议的方式织就国家之间共同承担生态责任的纽带，那么国家间的生态利益纠纷也就可以不通过外来的权威调节，而只通过国家之间的内部协议就可以解决。这个国家间的双边或多边协议，就成为国家间生态正义的制度评价尺度的具体表现形式。

最后，在国家间共同应对生态危机方面，有些生态危机的影响只发生在部分国家的部分地区，而有些生态危机所造成的影响却是全球性的，比如全球变暖。因此，在共同应对生态危机方面，不同情况下，国家之间彼此的生态义务和生态责任也有所区别。在部分地区造成影响的生态危机，由该地区的国家共同应对，可以通过签订地区合作协定的方式，明确各国在应对危机时的义务，和各国在协议中应该享有的生态权利，以及在应对生态危机不利时，各国应该承担的生态责任。这个地区或国家间的合作协定，就是评价他们之间生态利益关系的制度评价尺度。例如全球污染最严重的十个地区，分布在八个国家，这八个国家分别是尼日利亚、阿根廷、加纳、印度尼西亚、赞比亚、孟加拉、俄罗斯、乌克兰。这些国家可以通过签订生态保护合作协定的方式，确定各自的权利和义务，以及由此产生的责任，并以此作为界定各国生态责任的生态正义制度评价尺度。在1986年爆发的核危机波及了乌克兰、俄罗斯、白俄罗斯和摩尔多瓦四个国家境内近千万人的生活。来自环境污染带来的毒素，给人类造成的身体威胁不亚于艾滋病。这些国家同样也可以签订协议，携手共同应对核危机造成的环境问题，承担起各自的生态责任。据统计，世界上20%的肿瘤疾病都来自于环境污染，而发展中国家25%到80%的死亡病例也都与环境污染有关。人类的生命面临的危险是前所未有的发生在地区内的环境污染事件，要由该地区的相关国家共同努力，才能帮助人类脱离困境，解除危机。但如果该地区的国家之间不能达成合作协议，那么主持该地区生态治理事务的国际组织，就必须发挥其应有的评价功能。

在全球性影响的生态危机面前，单靠几个国家的结盟远远不够，这需要全世界各国的共同参与。因此，生态正义的实现除了需要各国求同存异的合作，也需要有对各国具有有效约束力的国际生态正义的制度评价尺度，用作衡量各国对生态保护的贡献和生态责任承担的情况。在可持续发展的目标下，通过国际淡水资源区域保护制度、国际淡水全球保护制度、国际土地退化的遏制制度、《防治荒漠化公约》、《远距离跨界大气污染公约》、《联合国气候变化框架公约》、《生物多样性公约》、《联合国海洋公约》、国际森林环境保护制度、国际湿地和红树林保护制度、南极环境保护制度、北极环境保护制度、山地环境保护制度、核武器和生化武器管理制度、危险物越境转移的国际责任制度等等，对全球性生态危机进行制度管理，形成生态正义的全球性的制度评价尺度体系。

5.2.1.2 种族生态正义制度评价尺度

种族生态正义价值评价也需要制度作为衡量的尺度。种族之间的生态利益的分配和生态责任的分担，已经逾越了国家的权责界限。对种族之间的生态行为的影响的评议，可以通过种族生态正义制度评价尺度维护国际种族生态权利，而种族生态正义制度评价尺度，也会对侵害种族生态利益的行为或者现象起到一定的遏制作用。一个种族的生态利益和另一个种族的生态利益之间，是平衡，还是不平衡？是公平，还是不公平？是侵害，还是被侵害？可以通过种族生态正义制度评价尺度进行衡量。种族是人类生命多样形态的表现，对于种族生存至关重要的自然资源，应该在各种族之间公平分配，而不能以种族的富有或者贫穷决定种族获得自然资源的多少，也不能通过阶级和权力决定种族的生存和发展的机会。种族的生存和发展机会“平等”，是种族生态正义实现的评价标准，也是种族生态正义价值评价的意义和目标。种族生态正义制度评价尺度是人类团体意志的集合，种族通过一条又一条的规定，凝聚了种族对于平等的要求，表达了种族为了生存和发展的公平而自律的愿望和决心。生态正义的制度评价尺度由各个种族共同做出，也由各个种族共同遵守和共同应用。这一制度评价尺度在种族之间的生态利益平衡中，能够发挥有效的指引和评价作用。种族之间的生态正义价值评价，还需要技术评价尺度的协助。因为通过科学技术和精密的仪器设备的运用，能够把种族的行为对环境的影响量化。把技术评价尺度评估得出的结论，用在划分种族之间的责任承担的范围界定上，用实实在在的数据说明种族利益各方的责任更具有说服力。同时用权威数据来划定责任范围，可以有效地把种族之间的生态责任落实，也可以有助于真正实现种族之间的生态正义。

5.2.1.3 代际生态正义制度评价尺度

代际生态正义的价值评价，更加需要制度评价尺度和技术评价尺度，这对双重评价尺度。当代人的行为，首先通过制度评价尺度来判定正确与否，然后再通过技术评价尺度，用数据来划定当代人可以允许的生态行为极限。再通过数据评判当代人行为对生态的伤害程度和贡献程度。在代际关系中，当代人的责任重大，因为我们要肩负起维护后代人的生存环境的责任，还要担负起修复前代人留下的资源和环境的责任。对当代人或者前代人的生态行为正确与否的判断，可通过代际生态正义的制度评价尺度评判。这个代际生态正义的制度评价尺度的制定，是由当代人完成。对当代人或者前代人的行为过失的程度的评价，可以由技术评价尺度用数据来表述。在代际生态正义的价值评价中，制度评价尺度和技术评价尺度的应用，源于代际生态正义的评价难度和实现困境。如果让当代人对自己进行评价和监督，其结果往往容易有失公允。但是生态正义制度评价尺度，由于是当代人共同制定的行为准则，是当代人集体意志的集合，在集体监督之下，当代人可以在共同制定制度评价尺度之后，再共同遵守制度评价尺度的规定。一切侵害后代人生态利益的行为，都是违背代际生态正义制度评价尺度的行为。一切超越当代人生存需要界限的行为，也是违背代际生态正义制度评价尺度的行为。当代人的行为界限和后代人的生态利益，共同构成了代际生态正义的制度评价尺度的准线。

2015 年也门由内战引发的水资源危机，导致也门 1600 万民众无法获得干净的水资源，生活出现严重困难。事实上，也门的水资源匮乏，在也门内战之前就已经存在了，战争只是加剧了也门的水源困难。联合国开发计划署经调查研究得出结论，也门正在消耗 169％的不可再生的水资源。也门国内的民众对于水的需求，远远大于国内水资源的供给量。水资源的过度利用，让也门面临前所未有的资源和经济发展的困境。也门的水资源危机的数据说明，我们可以看到当代人能够通过制度评价尺度评价当代人行为的对错，同时，也可以通过技术评价尺度划定当代人的生态行为界限。通过对当代人的生态行为的代际生态正义的制度评价，和代际生态正义的技术评价，能够让当代人及时地纠正自己不正确的生态行为，并及时发现生态行为不能逾越的界限。这一界限给当代人以警示，让当代人尽早地限制自己的生态行为，不再对后代人造成更大的生态利益的侵害。

5.2.1.4 代内生态正义制度评价尺度

在中国，自改革开放以来，人们的物质欲求不断地被商品的生产者刺激，再刺激着，这种社会现象引发了人们的消费领域的扩张和消费对象的爆炸。唯 GDP 发展的经济目标，让人们的消费既盲目又远离生存意义，使得经济发展与生态危机相伴相进，并让经济发展与维护生态环境这两个人类社会追求的目标发生了激烈冲突。各个学科各个门类的研究，都开始探索经济发展和生态环境保护之间的矛盾的解决方法和解决路径。比如生态学家通过发现并总结生态学规律提醒执政者正确处理经济发展与自然的承载能力之间的关系，让经济发展的步伐限定在自然能够容忍的限度之内；自然科学领域也纷纷推出了一系列的净化污水、净化雾霾的科学技术方案和措施；法学家们通过环境法律法规的制定来规范人们的行为，让所有破坏生态环境的行为和现象，都能够得到法律的规范和治理。然而，对环境污染的事后的惩罚，不如环境污染的事前的预防，更有积极意义。本书认为，人类社会的规范制度，可以承担这个灾害发生前的预防责任。

代内生态正义的价值评价，可通过制度评价尺度先确定当代人之间的生态利益关系纷争中谁对谁错。然后再通过技术尺度确定当代人生态行为的界限和生态行为的过错程度，并以此来确定承担生态补偿责任的数额，或者生态赔偿责任的数额。在代内关系中，富有的群体和贫穷的群体之间的生态资源的分配，和生态责任的承担问题上，非正义的行为可以通过代内生态正义的制度评价尺度来界定，生态正义的技术评价尺度则是把富有的人群和贫穷人群之间的生态责任承担加以量化的工具。如果富人在穷人居住区域建造垃圾厂，破坏了穷人居住区的空气条件和水的清洁度，那么可以用生态正义的制度评价尺度判定富人的行为对穷人的生态利益造成的伤害，再通过空气测量和水质监测提取数据，用生态正义的技术评价尺度划定富有人群对于贫穷人群应该承担的赔偿责任的具体范围。

5.2.2 生态正义的技术评价尺度

国际生态正义、种族生态正义和代际生态正义等，都需要生态正义制度评价尺度来量化人类的行为界限和生态责任的承担范围。生态正义的技术评价尺度，承担了用科学技术和精密仪器测量出的数据界定人类生态行为界限的重任。然而，生态正义的技术评价尺度并不是某个人或某个群体，或者某些利益团体随意确定的。生态正义的技术评价尺度要以生态系统的自然规律作为准绳。生态正义的技术评价尺度是对自然规律的具像化和落实，生态正义的技术评价尺度，把自然规律从抽象变成具体，从概念带到现实，让人类可以摸得到，也看得见，也使得人类能够真正实现按照规律计划，按照规律行事。人类对于人与自然关系的理解，在人类中心主义和自然中心主义的矛盾中逐渐深刻。自然规律是人类可持续发展目标实现必须遵守的自然法则。生态正义是以人类总结的生态学的“物物相关律、相生相克律、能流物复律、负载定额律、协调稳定律、时空有宜律”[①]，这六大规律作为生态正义的评判标准的。生态学的六大规律能够指导人类和其他物种共存共荣的目标实现。如何评价生态资源是否分配正义？又如何评价生态风险的分担是否公平？更如何判断生态责任的分担是否平等？在当下生态正义思想兴盛的时代，是值得我们探究和追问的。

如果可以用货币来衡量的话，在英国著名的生态学杂志《自然》上，一份由美国的环保组织和美国的经济学家出具的关于生物圈的研究报告中(1997)，做出了如下的统计：地球生物圈每年至少给我们人类无偿提供价值 33 亿万美元的空气、热量、水和粮食等有形或无形的资源。这份研究报告提出一个观点，全世界各国每年全部国民生产总值加在一起只有约 18 亿万美元，而地球每年所提供有价值的资源为 33 亿万美元，是全世界每年国民生产总值的 1.8 倍[②]。这是由于在强大的商业市场尚未能完全捕捉的地球生态系统中，在经济服务与人力资本中，都未能对地球给予人类的有价值能源予以量化的原因。所以，人类必须在各种政策决定上对地球尽到“报恩”的义务，那就是要建立一种人类合理获取生态资源的同时又能回报生态系统的体制，倡导生态资源的分配正义和人类平等承担生态责任的生态

① 邓和盛.循环经济的生态伦理思考[D].成都：成都理工大学，2008：22－24.

② 刘晓莉，贾国发.生态犯罪立法论要[J].东北师大学报(哲学社会科学版)，2006(02)：26－31.

正义。《中国自然保护纲要》总结的六条生态学规律可以被我们应用到生态资源的分配领域中，作为生态资源分配的规律，也可以被我们应用到人类生态行为界限和生态责任范围的认定领域，作为人类对自我生态行为评判的标准和价值选择的指引。符合生态学规律的人类行动，将被认为是合理的和受到支持的，违背生态学规律的人类行动，将被界定为应该受到惩罚的行为。生态学六大规律既是生态正义的制度评价尺度，也是生态正义的技术评价尺度。

5.2.2.1 物物相关律技术评价尺度

“物物相关”表达的是自然界中各种事物之间有着相互联系、相互制约和相互依存的关系，改变其中的任何一个事物，都必然会对其他事物产生直接或间接的影响。生态学的“物物相关”律要求生态资源在分配的过程中，必须注意对每一种生态要素的保护，以及注意各种要素之间的相互影响，从而保护物种的多样性，这就是人类尊重物物相关定律应该采取的行动。因为生态资源的分配体系比较复杂，生态资源的合理分配对人类自身生存与发展，以及生态系统本身的循环发展具有重要意义。在生态系统中，人类的任何一种行为、任何一次行动，都会引起牵一发而动全身的连锁反应。因此，人类为了对自己的行动结果负责，就必须在做出每一个动作和每一次行动时，事先把所有的可能影响因素都考虑进去，事先把可能发生的后果，都尽力预见到。这样在人类的生态行为做出后，不至于发生意想不到的结果而被动应对。另外，物物相关律作为人类生态正义的技术评价尺度，它的存在意义还在于掌握下列情况：即人类的行动方案或者开发规划是否是在科学论证的基础上才做出了评定。比如在某一地区要兴建化工厂，务必要事先论证化工厂的兴建对于该地区水源、生物、居民生活以及土壤和自然再生能力的影响，并通过定期的监测或者不定期的抽检获取数据，以考察对周围环境已经或可能造成的伤害程度。如果事先没有进行科学完整的论证，就会被判定该项方案是不符合自然规律的方案，实施该方案的行为则会被评价为是违背生态正义理念的行为。

5.2.2.2 相生相克律技术评价尺度

相生相克律描述的是在生物体的一个完整的生命周期中，生物体内部各种组成部分间所发生的互为食物链的，或物能转化的，或新陈代谢的现象，是一代代、一片片、一群群的新旧替换，也是层出不穷的、生生不息的、长江后浪推前浪式的生命运动。相生相克的生物链是一个闭环生物链，生物链上物种之间互为能量来源，通过彼此的物能转换实现能量守恒，也就是物能间、物物间在闭环生命接力链中循环交替地发生着"灭亡与产生"的事件。只不过这种再生循环，是大时空尺度、宏观宇宙范围的循环。相生相克，让生命在消亡与新生中不断地演进，相生相克，也让物种在彼此相互的竞争与依赖中此消彼长。人类的行动和思想在相生相克律的影响下实现了人类和其他生物物种的物竞天择。同时，人类的生存发展难以离开生态系统的其他物种，也难以离开生态系统给人类提供的生存环境。

生态资源的分配，既要注重人类和其他物种，以及物种与物种在生存发展上的相生相克，还要追求各个物种公平生存与发展的机会平等，同时也不能忽视人类自身繁衍所需要的生态资源分配的代际公平和代内公平。进行生态资源分配和生态责任的分担，其最终目的都是要实现生态系统的能量的转化和守恒。在尊重生态系统平衡的生态观的指引下，资源分配正义和生态责任的分担正义，不是以牺牲人类的生存发展利益为代价的，而是在人与自然、人与生态系统其它物种的和谐共存和共同发展中，实现人类的生态正义。生态资源的分配如若违背了这一规律，必然引起生态系统的紊乱，人类和其他物种如若失去了生态资源这一生命源泉，生态资源的分配正义的问题也就变得毫无意义。生态责任的分配与分担也要在遵守相生相克规律的前提下进行。任何违背相生相克规律的人类的生态行为和人类社会的事件，都会被判定违反了生态正义的制度评价尺度。相生相克律的技术评价尺度的应用前提，是要全面掌握当地的物种数量情况，以及物种彼此之间的相互依赖程度和对立关系，以及当地的生态条件，只有在此基础之上，才能在人类的生态活动对相关物种造成影响时，通过既有的数据判断出该行为对于物种和生态的影响程度，以及这种影响是良性的还是恶性的，甚至能够判断出该影响能否被生态系统所承受，并且该危害能否通过人类的生态行动来修正。人类的行为通过生态正义的制度评价尺度和技术评价尺度的指引，对生态系统产生良性影响，并使得人类对于自己的行为加以反思、评价和纠正，从而达到生态正义的实践目的。

5.2.2.3 能流物复律技术评价尺度

能流物复律关注的是在生态系统中能量不断地流动和物质不停地循环。能量的流动是单向的，并在流动过程中递减，有一部分转化为热能逸散入环境。为了保证生态系统中的能量守恒，必须不能浪费能量，不能让能量过多的散逸进生态系统中。所以人类通过垃圾分类处理，将有回收价值的垃圾加以回收利用，形成新的有价值的物品为人类所用，并让这些物品发挥新的功能。也正因为能流物复规律的存在，人类的任何浪费行为，都是违背生态正义的制度评价尺度的。对于废物回收加工处理，也是人类矫正自己浪费行为的行之有效的具体措施。在同一社会关系中如果有人铺张浪费、过度消费和乱丢垃圾，那就会造成对于其他人的生态利益的侵害。同时，由于存在这样的行为，该社会中的其他人就有权利要求侵害其生态利益的人承担起对其生态行为的赔偿或者补偿，以及处罚的生态责任。

生态正义不仅仅是简单资源的分配正义，对人类的生态行为和人类群体之间的生态利益关系进行生态正义的价值评价，也是人类保护生态系统平衡和调节生态系统矛盾反应的人类生态正义的实践。将生态资源分配给人类和其他物种的时候，也要使其获得的能量尽可能的充分利用，防止能量资源过多的热能散入生态系统本身。也就是说，人类在生态资源分配的过程中，资源分配的额度只要符合人类生存发展的基本需求，就是符合自然规律的。人和其他物种应该获得多少生态资源？这个生态资源的分配以什么为评价标准？其答案就是，以既能够满足人类生产、生活，以及发展的需要，也不会由于得到的资源过多而损伤生态系统本身为人类的资源分配正义评价尺度。这个尺度就是符合能流物复规律的评价尺度。当生态系统的能量配给，达到了既满足了各种生物的需要，同时能量本身也获得了充分的利用时，这便实现了生态系统的平衡，也实现了人类的资源分配的正义和人类公平承担生态责任的生态正义。现在的许多的资源回收利用的规定和具体措施，正是人类对于能流物复律技术评价尺度的应用，例如废旧纸张的利用、循环使用的包装等，都是人类充分利用现有能源，避免浪费、避免过多热能散入自然的自律表现。

5.2.2.4 负载定额律技术评价尺度

负载定额律强调任何生态系统都有一个大致的负载或者承受能力的上限，包括一定的生物生产能力，吸收消化污染物的能力，承受一定程度的外部冲击的能力。负载定额律给生态正义的价值评价，提供了可以遵循的“量”的技术评价尺度，是生态正义价值评价中最重要的、也是最具执行力的生态学规律和生态正义技术评价尺度。因此，为了保护生态系统，人类必须把人口总数控制在生态系统能够供养的限度内，还需确保排入生态系统的污染物不超它的自净能力，以及确保冲击周期不能长于生态系统的恢复周期。所以，人类在生态资源的分配中，必然要以产定供，以需定供。同时，人类还要控制污染物排放量，包括排放浓度控制和排放总量控制，以及冲击周期控制。比如从制度上和思想上指导人类的绿色出行，以减少汽车尾气的排放。从制度上约束人类的日常行为，以此来引导人类按照自然规律行事。保护生态系统的生产能力，就是通过生态正义的制度评价尺度规范人类的生产和生活的行为，再通过生态正义的技术评价尺度评估人类的行为是否超过了生态系统的负载额度，是否超过了生态系统消化污染物的能力。对于人类和其他物种而言，在尊重自然规律和生态价值的指引下的生态正义的价值实现，是在保证各自的生存机会的前提下，做到在排放废物的时候，防止污染给生态系统自净能力带来压力，并做到防止人类行为所造成的对生态系统的冲击周期超过生态系统自身的恢复周期。

上文中讨论的是人类在生态系统中的生态资源的分配额度，而这里主要指的是生态系统自身可承载的人类的生态行为对其所造成的影响额度。如果超过这个额度，不仅是人类，而且对于每个物种来说，都会有灾难性的后果发生。如果超过这个额度，不仅会造成物种锐减直至消灭的结果，而且也会导致生态系统的崩溃。美丽的内蒙古草原绵延我国北方的大部分疆土，而现在这个曾经美丽富饶的草场，却已经失去了肥美的水草，渐渐退去了鲜亮的绿色。以我国的内蒙古地区的人造沙漠为例，我国内蒙古地区的“人造沙漠”特别多，既有自然的原因造成的，又有社会的原因导致的。然而，人类活动是造成内蒙古草地沙漠化不断加剧的主要原因。内蒙古的水草肥美的自然条件决定了这里适于放牧，而不适于农耕。而人类在内蒙古草场上开荒耕种的行为，不仅对草场造成了破坏，同时也造成了地表土层的破坏，使得地下的伏沙露出，而这些伏沙在大风的作用下又出现了流沙扩散，最终又形成了流动沙丘。事实上内蒙古的草原垦荒自秦汉以来一直没有间断过，内蒙古草原垦荒虽然曾一度解决了草原的粮食供应问题，并且对巩固边防也起到了一定的作用，但是被垦荒的草原，垦后都变成了“人造沙漠”，而到了 20 世纪大跃进和“文化大革命”时期，内蒙古草原沙漠化进一步加剧了。内蒙古草原沙漠化的真实案例，让我们认识到，人类对于草原的利用打破了草原的自然规律，超过了草原生态系统的负载额度，极大地伤害了草原本身的生产能力。人类的垦荒行为对于草原的冲击周期，也远远超出了草原的恢复周期，而如果没有足够的恢复，就会使草原的再生能力削弱，最严重的结果将是草原这一资源在中国绝迹。而如果没有了草原，也就没有了人类对于草原资源的需求，更没有了对于草原资源的分配正义的问题了，而我们也就再也没有理由继续研究草原沙漠化的生态责任分担的问题了。

5.2.2.5 协调稳定律技术评价尺度

协调稳定律强调只有在结构和功能保持相对协调时，生态系统才是稳定的。协调稳定律是界定生态系统是否功能稳定、系统内各个物种之间是否和谐的重要标准。人类通过自己的行动，使生态系统的结构和功能保持协调状态，并千方百计地保持生物物种的多样化，同时尽量减少外来干扰。生态正义鼓励人们去维护生态系统的结构和功能的相对协调，以及生物生产能力相对稳定的生态特征。在生态资源分配过程中，为了能使生态系统的结构和功能保持协调状态，人类就需要给予各个物种分配生态资源时以公平的机会，保障各个物种在生态资源分配中的正义。而这种公平的机会的实现，包括资源公平获得的机会实现，也包括公平的生存机会的实现。这不仅仅需要生态系统自身的协调，而且需要人类作为对生态系统能够产生重大影响的物种的积极协助，这也是生态系统协调稳定的主体保障。生物的生存机会的公平，不是生存机会的“均等”，是在符合生物协调稳定律和相生相克规律的基础上的，生存机会平衡。物种之间的协调和稳定表现为种群数量的稳定和种群与种群之间的关系的稳定，而这种稳定是需要以种群数量的稳定作为基础的。因此，不定期地抽查种群的数量，从整体上把握种群的规模，对于维持生态系统的稳定和人类的生态资源的稳定意义重大。协调稳定律的技术评价尺度，可以通过对物种数量的监测实现对生态系统稳定协调的维护，同时也可以有效地对人类的生态行为加以约束和规范。

5.2.2.6 时空有宜律技术评价尺度

时空有宜律表述的是每一个地方都有其特定的自然和社会经济条件组合，这些组合共同构成了独特的区域生态系统。时空有宜律是生态正义价值评价的又一个比较容易找到客观参照系的技术评价尺度。因为每个地方都有自己独特的自然条件和环境特征。人类在每个生态行为或者行动做出前，务必要实地调研当地的生态条件，充分掌握当地的生态数据，对即将产生的生态影响进行充分的论证，这样做出的行动方案才是符合生态正义时空有宜律技术评价尺度要求的。如果没有经过对当地的资源环境实际调研就展开行动，或者没有对行动结果进行认真地、符合程序地论证，就实施具体的生态行为，无论是否造成损害生态的结果，都会被评判为是违背生态正义精神的行为。时空有宜律也可成为生态正义的制度评价尺度，因为没有经过事前的专家评议和科学论证的法定程序，就已经违反了时空有宜律评价尺度对于决策行为的要求，而具体的科学论证就需要人类应用技术设备和数据进行进一步的技术评价。

每个地方特定的自然和经济条件，使得生态资源的分布呈现出各自不同的特征。因此，生态资源的分配往往体现出地区特点，比如水资源丰富的地方，在水资源的分配上，一般很少出现争议，而在水资源匮乏的地区，生态资源的分配就往往会出现争议、纠纷和矛盾。因为水资源的有限性，让人类更加重视自己掌握的生态权利，在这里水资源的分配正义就要体现为，对水资源取得的机会的平等和分配额度的公平。富饶的草地资源不会引起人类对资源分配的担忧，反而在草地资源有限的地方，草地资源的分配就需要生态正义精神的彰显。因为无论是人类，还是生活在这片草地的牲畜或者其他生物，都极度依赖这片草地让他们获得的资源满足，所以有限的草地资源更加需要公平的分配。在矿产资源储备有限的地球，矿产资源的分配正义是各个国家民众努力追求的生态正义。矿藏资源蕴藏的经济利益，让各个利益群体觊觎已久。所以，合理地分配矿藏资源的开采权利，让相关利益主体的需要都得到一定满足，同时又不会侵害后代人的矿藏利用权利，这一目标的达成，让生态正义在矿藏资源分配的领域内，更显出其意义所在。同样在森林资源有限的地方，生态资源的分配就主要体现为森林资源的分配，生态资源的分配正义就主要体现为，森林资源在人类之间的分配正义，等等。当然每个地方自然条件都很复杂，生态资源的分配也不可能是单一资源的分配，往往体现为多种生态资源混和的分配，但是无论是如何复杂的资源状况，都仍然无法摆脱生态资源的时空特色，那么在这样复杂的资源分配条件下，生态正义的价值实现，也必定表现出生态资源分配的时空有宜律的身影。

六大生态学规律不仅是对中国自然环境的发展变化的总结摸索，也是对世界上各个国家的生态发展和变化情况的经验总结。因此，世界各国的生态建设，也都适于运用这六大规律来指导人类的生态实践。人类发现并总结自然规律其目的是帮助人类在实施生态行为时找到相关行动的指南，并且帮助人类划定生态行动的红色警戒线。这条警戒线是人类行为绝不能触碰的底线，在这条警戒线以内，人类行为都可以修正、能够补偿，但是一旦触碰了这条警戒线，人类的行为必将造成生态系统的紊乱，而且可能进一步造成更加严重的后果，并且这个严重的后果更有可能是人类无法挽回的。如果人类不顾生态学规律而肆意妄为，那么终归有一天，人类可能会对自己造成的生态伤害无力回天。因此，人类必须要誓死捍卫生态学规律在人类社会的应用，坚守人类生态行为的底线。

生态学六大规律在作为生态正义的制度评价尺度时，需要把生态学六大规律的内容写进人类的社会制度中。任何违背生态学六大规律制度的行为，都会被评价为失范的、非正义的行为。另外，需要强调的是，结合生态学六大规律的生态正义技术评价尺度，与人类自身的生存发展的目标追求并不相悖，这种生态正义的技术评价尺度，能够帮助人类推进生态正义理念的落实，也能够促进人类生态文明建设的完成。有些人倡导人类应该回归到工业革命以前的市民社会的状态，追求纯粹的、自在无为的、男耕女织的生产形态，那是因为他们对于人类为生态正义的实现将付出的努力失去了信心。然而，在人与自然的关系的问题上，人类从未停止反思其行为所造成的严重后果，并且人类除了反思自己的行为过失之外，还在不断探索解决生态危机和生态危机引起的社会矛盾的办法。人类社会的进步除了思想、文化的进步，还应该包括物质的进步，人类不能在享受这种物质进步的成果之后，又彻底批判带来物质进步的工业革命。人类不可能把现在的生态恢复到工业革命之前的状态，更不可能回归到人类产生之初的情境。人类和自然都会有产生、发展和灭亡的过程，人类虽然不愿意接受，但又无法摆脱这样的命运，所以唯有将自然和自己的生命尽可能地延长，才是人类生存发展的最佳选择。人类可以在遵守自然规律的前提下，公平分享自然资源，实现人的生存发展和生态系统的发展的和谐统一。生态正义的制度评价尺度和技术评价尺度，能够帮助人类有效地控制自己的行为范围和行为走向，并通过生态正义的实现延长人类和自然的生命历程。

第6章

生态正义的价值实现

在对人与自然关系的研究中，国内和国外的学者们经历了几代人的不懈努力提出了生态正义的价值理念。在为实现生态正义所做的研究中，国内外的学者也在各自专长的领域做了一定的尝试。比如西方生态学马克思主义者们，倡导通过社会主义制度的建立来实现生态正义。而约翰·罗尔斯则继承并发展了让—雅克·卢梭的观点，试图通过社会契约的方式建立生态正义制度。国内学者张斌和陈若松等，分别从生态责任落实和生态补偿制度的角度，探索了生态正义的实现问题。但尽管如此，当前的生态问题仍然没有得到有效的解决，反而在一定范围内更加严峻，人类的生态利益纠纷未得协调，反而矛盾升级。究其原因，既包括生态正义的价值实现存在主观和客观的困境，也包括解决生态危机引发的社会问题本身的棘手性。因此，尽快树立人们的生态正义价值观，平衡多元主体的生态利益，形成共同的生态正义价值评价尺度，对人类的生态行为进行合理评价，对最终实现全世界各国人民共同期待的生态正义的价值目标，也即实现人类的可持续发展和人类社会的生态文明，意义重大。生态正义问题，是价值领域的生态正义价值的问题，生态正义的实现，也就是生态正义的价值实现问题。生态正义是在人类认识和改造世界的活动中产生的。生态正义的实现也有赖于人类对主体评价尺度的调整和对评价客体属性的修护。那么主体评价尺度如何调整才能与评价客体属性达到统一？或者说主体评价尺度调整的标准、范围如何？评价客体属性能否改变？探讨这些问题并取得共同认可的答案，这是实现生态正义的先决条件。

6.1 生态正义价值实现的可能性

生态正义有实现的可能性吗？或者生态正义的主体评价尺度调整的范围是否科学？其评价客体属性能否适应主体调整后的评价尺度？生态正义的价值实现可能性的研究意义，在于坚定人类实现生态正义的决心和信心，只有在明确了生态正义具有实现的可能性之后，才能够为真正实现生态正义而努力。本书认为，生态正义的价值实现具有一定的前期基础，同时也面临着不小的实现困难。只有充分认清其实现条件，摆脱其实现困境，才能够最终实现生态正义。

6.1.1 生态正义价值实现的条件

生态正义拥有其实现的主观条件和实现的客观条件。生态正义价值实现的主观条件，包含人类对于生态正义的理性认识，以及人类对于生态正义的共同的价值认同。这些主观的对生态正义理念的积极认可，激起了人类对生态正义价值实现的极大的热情和信心。生态正义价值实现的客观条件是，生态正义价值实现的制度保障的设定。人类的精神世界是难以限定的，人类天马行空的思想也是难以驾驭的。只有制度，只有具有现实执行力和约束力的规定，才能把人类思想带回生态正义理念的家园。

6.1.1.1 人类对生态正义的理性认识

人类的理性认识是通过大量的实践活动，搜集资料并加工、整理、抽象、概括而得出的事物本质的、内在联系的活动。人们对于生态正义的理性认识活动，其认识结果受到人的认识能力和认识状况的影响，会有这样那样的差别。这种基于人与人之间的差异性而产生的对于生态正义认识的不同，表现在年龄、智力状况、文化程度、经济条件和政治状况等方面的影响。人类对于生态正义的理性认识活动，也是历经几代人的生态实践将人与自然的关系、人与其他生物种群的关系的感性认识，化作对生态运动本质的、内在联系和内在规律的认识。当前人类对于生态正义的理性认识，集中反映了在生态经济时代之下，人们对于社会正义的追求。通过社会制度、法律法规的制定和运行，人们对于生态正义的理性认识得到了展示和表达。每一种社会制度下的法律法规，都体现了立法者对于生态正义的理性认识。在追求生态正义的法律体系的运行之下，所有的社会成员也都被赋予了保护自然、协调生态利益的义务。这种在生态正义之上建立起来的立法者和守法者之间的默契，源自于社会成员集体对于制度蕴含的生态正义观念的认同。对于生态正义的理性认识，是生态正义得以体现和实现的社会认识环境、意识条件和观念的主观基础，这决定着整个社会的生态正义实现的状况。

6.1.1.2 生态正义制度保障的设定

中西方的学者都表达了制度设定对于生态正义实现的意义，无论是西方生态学马克思主义者，还是正义论的研究者，还是我国的一些学者，他们都提出了生态正义实现的不同的制度设想。笔者认为，在生态正义的制度保障的设定过程中，首先，要保障生态正义在制度确定上的正确性。其次，还要准确表述出生态正义的制度设定的内容，在保证生态正义制度正确和准确的基础上。最后，还要坚持生态正义的制度设定能够始终贯彻施行下去。生态正义的价值评价主体、生态正义的价值评价客体，以及生态正义的价值评价尺度和生态正义的价值实现，都需要制度的保障。因为制度能够帮助人类把复杂的实践整理得井井有条，帮助人类把构想变成现实，让人类在生产和生活中不迷茫、不慌乱地应对资源和环境问题带来的麻烦，并且能够让人类按照生态正义的制度要求安排生产和生活实践。

任何社会的制度设定，都是由代表一定利益团体的执政集团完成的，执政集团拥有人力、财力和物力，能够集中社会最优秀的资源和最优秀的团队，能够制定符合利益团体意志要求的社会制度。执政集团通过社会制度的施行达到社会管理的目的。当今社会是注重生态价值的社会，也是全社会自上而下地呼吁生态正义的社会。生态正义的确定，对于当今社会制度的建立具有重要的意义。在生态经济时代，拟制什么样的社会制度和社会规范，都要在生态正义的指引下进行。生态正义在制度上的正确确定，取决于执政集团的执政目的。虽然良好的社会制度应当体现以民为本的立法理念，也应该符合人类社会的发展规律，但是现实社会生活的执政状态，却经常有违背民意、违背规律的情形。执政集团很容易将自己的意志伪装成为民意，这是由于执政集团是部分利益团体的代表，大部分的执政集团都是少数财富集团的代表。因此，尽管大部分的执政集团都不是全民的代表，但是这些执政集团却还是将自己的执政行为辩解成为合乎民意、顺应规律的行为。生态正义不同于其他的社会价值，生态正义是包含所有利益集团的社会全体成员对生态利益平衡的需求和期望。因此，无论代表什么样的利益团体的执政集团，都会把生态正义在社会制度中确定下来。执政者对于生态正义的定位，是对于其制定的社会制度的期望的直接体现。

生态正义在社会制度上的确定，也受到执政者对生态正义的认知程度和执政者价值选择的影响。当经济效益价值与生态正义价值相冲突的时候，不同的执政者会有不同的决策取向。比如有人会支持不惜一切代价追求经济效益，也有人会不顾一切地保护自然，还有人为了维护生态利益而不惜放弃人类的发展目标，更有人在努力寻求两全其美的解决问题的出路。正如执政者选择不同的生态正义的解读，就会做出不同的执政决策。在不同生态正义解读下，做出的执政决策将对生态、经济、政治和生活都会造成不同的影响。生态正义在社会制度上的正确确定，需要执政权力的拥有者个人，拥有正确的生态价值观和坚定的生态正义的信仰，不会受到个人偏好和经济、政治等利益的影响。在各个国家的执政体系之内，执政者背后的经济集团往往会影响执政者做出执政决策，从而使得执政者为了利益集团的需要，而做出违背生态正义价值观的执政行为。因此，为了使得生态正义在制度上保持正确，必须要求执政者通过制度约束尽力减小利益集团的影响，尽可能地做出符合自然和人类社会发展规律，反映民意的执政决策和执政行为。

生态正义需要通过具体的社会制度来表述。在社会制度配置的过程中，生态正义需要被明确体现，准确的解读。生态正义表述的困难性，表现为社会制度设定的细节不切实际，导致生态正义难以实现；也表现为制度的制定者把握生态正义内涵的能力有限，导致具体的规章制度无法实现生态正义的价值目标。为了解决这些生态正义实现的困难，就需要专门化的技术性工作的配合。但尽管有高超的文字表达技巧和良好的执政素质，都难以避免制度在制订中的疏漏和错误。生态正义在具体的制度配置中，其困难是难以规避的。生态正义的制度设定，需要准确表述。克服生态正义制度制定在解读上的困难，必须通过有效的方法来进行。生态正义在社会制度配置过程中，需要在制度施行前，让专家加以论证，对相关利益主体进行意见征询。这样才能够让生态正义的社会制度尽量在细节上完善，在执行中发挥有的效作用。在生态正义制度实施过程中，需要不断地修正、调整不适宜的制度规定，让表达生态正义思想的社会制度能够充分发挥其效用。另外，体现生态正义的社会制度的制定者的选定，要选取集中专业和执业阅历优势的制度制定团体。专业的解读，能够为社会制度顺利落实生态正义的精神提供专业保障。同时执政团体在选择执政责任者们的时候，也要严格把握其执政素质。执政素质包含对生态正义的理解和解读能力，也包含对生态正义社会制度的执行能力。这样才能在生态正义制度的执行上，从主体上保障生态正义社会制度的切实落实。

如同上文所述，生态正义在制度上的确定是十分艰难的过程。因此，一旦确定，就应该始终如一地贯彻和坚持。也就是我们要保障生态正义在具体制度指引上的相对稳定性。要实现生态正义制度的始终贯彻执行，并不是让既成的生态正义的社会制度毫无保留、一成不变地执行，而是要让代表生态正义的社会制度，在实践过程中，不断地调整，让社会制度更加贴近生态正义价值本身，并让社会制度更加能够准确表述生态正义价值理念的内涵，从而实现让社会成员始终坚持生态正义的价值理念的目标。生态正义制度的始终贯彻，仅仅依靠一时的热情是难以实现的，始终如一的坚持贯彻生态正义制度，需要人类对于生态正义有坚定的信仰。然而，对于生态正义的信仰，不是一蹴而就能够形成的，而且对于生态正义的信仰，也不是任何人、任何组织或者任何制度，能够强加给人类的。只有让人类从心底自觉地对生态正义产生价值认同，从而因为价值认同而对自己行为加以自律，让自己的行为符合生态正义的价值理念的要求。生态正义的制度除了需要人类从心底的认同和坚持，同样还需要有积极的行动配合，才能让社会成员对生态正义制度产生信心，才能永远坚定地贯彻生态正义的制度。随着时代的发展和社会的变迁，具体的生态正义的社会制度，总有这样或者那样的不适应，在坚持生态正义本质要求的基础上，进行必要的制度调整，也是不违背生态正义精神和始终贯彻生态正义制度的行动表现。

6.1.1.3 人类共同的价值认同

对于生态正义的价值认同，是人们对于生态正义价值准则、价值目标或者价值理念的自觉地赞同、追随和认可。显然生态正义的价值认同，不是一朝一夕可以实现的，它需要潜移默化的影响。有了人类对于生态正义的价值认同，才会有对于生态正义理念的信守与尊崇，才会延伸为人类共同的对于生态正义的信仰。只有在生态正义的价值认同前提下，生态正义制度才能得到人类的真心支持，才能达成与生态正义一致的价值认识，并自觉地接受社会制度和法律规范的要求，才能自觉地接受生态正义的社会制度的指引，才能支持生态正义的社会制度的施行。生态正义是人类共同的价值认同，这个核心价值观不是政治权力强加的价值观，也不是公民被迫承认的价值观，而是基于对人类社会美好理想而产生的认同，是对于人类可持续发展远大目标的肯定。

人们对于生态正义价值的认同，有情感认同、认知认同和信仰认同三种方式。[①]对于生态正义的情感认同是人类对于生态正义本身产生的非理性的认同。这一认同是原始的、自发于人类

① 卓泽渊.法的价值论[M].北京：法律出版社，2006(08)：524.

对于自然的情感依托和对于人类整体命运的共同关注。“地球是人类的母亲，是人类共同的家园”，这一形象的比喻正是这种情感认同的最典型的表现。人类对于生态正义的情感认同，还体现在人类对生态正义的价值实现在心中的渴望和追寻以及肯定。人类对于生态正义的情感认同，还表达了人类对于资源分配不公的愤慨、冷漠、失望和灰心的情绪。生态正义饱含人类对于社会公平和权利平等的诉求，它没有绚烂的涂鸦，只有非此即彼、非黑即白的刻画。生态正义是人类共同的向往和追求，人类对于生态正义的情感认同，激发了人类实现生态正义的信心和决心。生态正义的认知认同，是观念的、理性的认同。与情感认同不同，生态正义的认知认同基于理性，人类对于这一认同，可以据此做出判断，并以此指引行为。生态正义的认知认同，源于人类对于自然的了解，以及人类对于自身从思想到行为的反思和拷问，同时也源于人类对于科学技术的掌握和长期的、实践的数据积累。人类文明的进步，帮助了生态正义在人类社会的被认同。同情感认同一样，生态正义的信仰认同，是基于极度的确信并执着地追求的信念而产生的认同。生态正义的信仰认同与情感认同不同的是，一旦确定就比任何认同都坚定且不可动摇，是人类对于生态正义认同的最高形式。如同上文中所述，对于生态正义的信仰是人类自主的、自由的对于生态正义的价值认同。人类对于生态正义的信仰，是每时每刻的、点点滴滴的思想的渗透，是无时无刻的坚持。一旦人类树立起生态正义信仰，就难以再动摇，所以普遍培养人类对于生态正义的信仰，是促使人类实现生态正义的有力保障。

同时，生态正义的价值认同，又可以区分出两种状况，即自然认同和教育认同。[①]生态正义的自然认同，与人类对于生态正义的情感认同很相近。受到文化、物质、政治、家庭、民族和种族等因素的牵动，人类的情感有了自然而然的、源发的归属。就如儿女对于母亲的亲近和依赖，人类对于生态正义的自在自然的认同，就如同人类对于自然的天生的情感依存。然而生态正义的自然认同，并不是一成不变的。生态正义的教育认同，弥补了人类生态正义的情感认同与信仰认同的非理性的不足。生态正义的教育认同是在理性认识的基础上产生的，通过教学、宣传等活动，使得自然认同和教育认同的结果趋同甚至一致。教育是十分神奇的人类的行为方式。通过教育，人类传承了知识，延续了文明。通过教育，人类把思想传播，把理念传递。人类为了实现生态正义，可以通过教育的方式，让更多的社会成员了解生态正义。通过教育，让生态正义从感染一个人，到感染一个群体，从遍及一个国家，到传递至整个世界。教育能够壮大生态正义认同的队伍，教育能够让生态正义的认同更趋于理性。人类可以通过教育的方式，使得人类对于生态正义的认同达成一致，当然这也是十分艰难的过程，但是教育认同却给了人类实现生态正义的希望和信心。

6.1.2 生态正义价值实现的困境

生态正义的价值实现一直是生态正义问题研究的难点，迄

---

① 卓泽渊.法的价值论[M].北京:法律出版社,2006(08):524.

今为止的国内外的研究，都没有人能真正触及生态正义价值实现的有效途径。原因在于生态正义的价值实现本身存在理论的难点，也在于生态正义的价值实现存在现实的阻碍。生态正义的价值实现，是生态正义现实化和生态正义实践的归宿。探寻生态正义的价值实现受到多个方面的影响和制约，这就是生态正义价值实现的困境。对于生态正义价值实现的困境的探究，是生态正义价值实现的现实思考。与生态正义价值实现条件相比照，对生态正义价值实现困境的认识和正确对待，无疑是最终实现生态正义的理性做法。只有认清困境，才能走出困境，才能制定出实现生态正义的可行性方案，才最终能够达成生态正义价值实现的目标。生态正义价值实现的困境，是客观存在的。同时生态正义价值实现的困境，也包含了客观上困境和主观上的困境两个方面。认清这些来自客观上和主观上的困境，会让我们对于生态正义的价值实现的工作，更加理性地处理和符合实际地应对。

6.1.2.1 生态正义价值实现的客观困境

制定有效的社会制度和法律规范，是实现生态正义的具体途径。然而，有缺陷的、矛盾的，甚至是有错误的社会制度和法律规范，就成为了实现生态正义的客观困境。要想突破生态正义价值实现的客观困境，就必须发现其中的问题到底附着在这些社会制度或者法律规范中的哪个位置。只有准确地把握问题症结的所在，才能够有效地解决问题，并走出生态正义价值实现的困境。

在社会制度和法律规范上的客观困境，主要表现在制度的设置阶段的困境，以及制度在执行阶段的困境。在制度的设置阶段，有人类主观方面的干扰，也有制度本身的、交错复杂的难点。在制度的施行阶段，也难以排除人类主观差异的影响。在社会制度和法律规范的设置上，生态正义的制度设置是各种价值观冲突和碰撞的集中体现。社会制度和法律规范在制定的过程中，来自各个利益集团的争议，其实质都是价值争议。在各个利益集团博弈的过程中，各方利益相互妥协的同时，也实现了利益最大化。在生态正义的社会制度设置上，除了利益集团的价值冲突造成的制度矛盾问题外，也有生态正义是否能被准确地加以表述的问题。首先，社会制度本身的自相矛盾。在社会制度设置和法律规范的制定上，处于不同的权力等级的权力主体，其设置或者制定的制度或规范，有可能会互相矛盾，不能有效地衔接。比如中央制定的管理制度，与地方制定的地方法规之间的矛盾。又比如上级地方政府管理部门制定的规章制度，和下级地方政府部门确定的规定之间的矛盾。也有同一制度体系之内，不同部分或者不同条款之间的价值设置的矛盾。这是由于制定者本身的疏漏，或能力欠缺造成的。但不排除由于个别的制度制定主体的主观恶意，而造成的制度矛盾的情形。同时也有平行部门间，就同一事项管理权交叉，而导致的平行管理制度互相矛盾，而造成的制度难以执行的问题。其次，社会制度的表述失误。生态正义本身就是理论研究和现实应用的难题，一旦在社会制度中加以阐释和表述出来的时候，就难免会有有失偏颇的情况出现。尤其是在社会制度和法律规范仍然欠发达的国家，作为社会制度和法律规范用语的非程式化、随意性、修辞不恰当的问题，都会导致生态正义价值设置的社会制度表述，出现失误。再加之阐述或者解读的人，在性别、年龄、民族、知识水平、个人理解能力、解读时的时间，或者空间的差异，都会导致生态正义相关的社会制度和法律规范，在具体表述上出现与立法者或者制度制定者初衷发生偏差的情况。最后，价值评价尺度的界定困难。生态正义价值评价尺度的界定结论，一定要写进社会制度和规范中。而生态正义价值评价尺度界定本身，就是生态正义价值实现的难题。把界定好的生态正义价值评价尺度，转换成社会制度和法律规范，并且被始终如一地贯彻执行是生态正义设置社会制度过程中的客观困境。如前文所述，生态正义价值评价的尺度分为主体评价尺度和客观评价尺度，有人类共同的评价尺度，也有受到利益集团影响的差异评价尺度，如此复杂的生态正义价值评价尺度，要想在一个社会制度中界定清楚，表述清楚，也十分不易。

另外，在社会制度的执行上，生态正义所设置的社会制度受到新旧更替的影响，其在制度的执行时会存在以下问题：即由于旧的制度不能很快地被停止，或者被修正，导致生态正义设置的新的社会制度，一时难以被正确地理解和遵行，进而造成原来设置的社会制度下，产生的具体行为后果难以纠正等问题。就如在社会主义市场经济下，由于过分的追求 GDP 的发展目标，导致现在多发的生态危机问题，我们是否应该及时地加以纠正？以及如何纠正之前激进的制度规定？这些现实问题，引起了很多学科领域的激烈争论。同时生态正义所遇到的新旧社会制度的不同价值评价标准的矛盾，也是阻碍生态正义价值实现的因素。其实唯经济发展的社会制度和可持续发展的社会制度，就是在新旧社会制度或者法规之间衔接中出现的社会问题的现实表现，也是新旧社会制度所采用不同的价值评价标准冲突的表现。

在生态正义价值实现的道路上，既会遇见社会制度问题的困境，也会遭遇社会现实的困难。现实情况的复杂和多变，往往让生态正义价值实现的结果，出现更多的不确定性。所以，要充分考虑到现实可能发生的情况，让生态正义的价值实现尽可能减少阻碍。不可否认的是，生态正义的价值实现需要一定的物质基础。比如人们大力倡导的自然的回补机制，就需要较高的科学技术水平和科学技术产品的支撑。就如污水处理，废旧物品的再造和利用，空气污染物的清理，土地的反哺，森林的再造，臭氧层空洞的补救，人类若要补救自己的行为过失，就需要付出高昂的物质代价和得到科学技术的帮助。因此，当生态正义价值实现遇到这个现实问题时，就需要时间的积累和物质条件的积累，以及科学技术水平的积累。时间的积淀是人类难以逾越的过程，但是物质条件的创造和科学技术水平的提高，却是可以通过人类的努力达到的目标。物质条件的提升，与人类的科学技术手段的革新不可分割。比如人类通过火车机车的发明，实现了日行千里的美好理想。通过电话的发明，实现了万里传音的梦想。每一次的科技进步，都让人类的生产和生活变得更快捷舒适。然而从前的科学技术的进步和科学发明的问世，都没有为人类的生态环境建设做出太多积极的贡献。而现在，在生态经济社会下，科学技术一定要为生态和经济的协调发展做出努力，才不辱没科学家所背负的生态正义的社会责任。科学技术水平的提升，也需要一定的文化环境。在生态正义的价值实现困境中，还有一个重要的问题就是人类知识水平的提升和文化环境的构建。让每个人都认识到当前的生态危机的严重性，以及认识到保护生态人人有责，这不是一个简单的过程。生态正义的价值实现并不容易，但是通过人类的共同努力，也有实现的可能性。全面提高社会成员的文化素质，和构建高水平的生态文化环境，是生态正义价值实现的重要举措。欠缺物质条件和文化环境，是实现生态正义的现实困难。谋求生态正义的价值实现，势必要成就其良好的物质条件和较好的文化环境，这样才能使得生态正义的价值实现具有更坚实的现实基础。

6.1.2.2 生态正义价值实现的主观困境

生态正义价值实现在主观上的困境，也需要根据不同情况进行具体阐述。比如对于生态正义的误解，让生态正义的价值实现陷入了主观困境。此外，对于生态正义的偏执认识，也导致了生态正义价值实现的主观困境各不相同，我们需要对这些问题进行个性分析，并找出突破困境的路径和办法。

对于生态正义的误解，也是五花八门形形色的。可以从不同的社会主体的角度进行区分和探讨。人类对于生态正义的认识，受到内在能力和外在因素的影响，其认识结果可能会与生态正义本身的内涵所指并不一致，从而造成了对生态正义的误解，进而使得生态正义的实现遇到了困难。社会公众对于生态正义的误解是较为普遍的现象，这种误解源于人类对生态正义的不了解和不相信。了解和理解生态正义，是尊奉生态正义信仰的前提。生态正义的内涵是什么？这个内涵是由哪个阶层界定的？这些直接影响社会公众对于生态正义的理解和信心。如果一个社会的公众，绝大多数都是站在制度制定者的对立面的话，那么无论制度的制定者制定出来的社会制度有多么正确，有多么完美，又多么对社会公众有好处，这个社会制度都会被社会公众所误解并抗拒。因此，生态正义如果想要实现，生态正义所设定的社会制度如果想要被社会公众所认可并接受，那么必须要让广大的社会公众理解生态正义，并且让其广泛参与到生态正义所设置的社会制度的制定过程中，让大家在参与制定过程之后，从心理认同这一社会制度，并且做到不排斥并真心接受它的管理。

执政者对于生态正义的误解，是现实存在的。生态正义往往被执政者们误认为是政治利益权衡的结果。比如发达国家和发展中国家对于生态正义的理解，往往都被画上了浓重的政治色彩。发展中国家要求发达国家承担由于其发展过程中的无计划性或者不够慎重的行为，给地球生态系统造成的严重后果的生态补偿责任。而发达国家却不认可这种要求是正义的，而是把这些要求曲解为，是发展中国家削弱发达国家政治影响的政治阴谋。而当发达国家一再提醒发展中国家，不要再以牺牲生态环境为代价而发展经济时，发展中国家却误解为，是发达国家为了限制自己提升国力而采取的限制自己发展的伎俩。不可否认，在发达国家和发展中国家之间，的确存在着这样的政治阴谋和政治伎俩，但是任何人也不能排除这是国家之间为了实现生态正义而做出努力的可能。除了由于政治利益而造成的误解，还有经济利益、生态利益等原因导致的对于生态正义的误解。如果想化解人类对于生态正义的误解，就要广泛传播生态正义的价值理念，让更多的人了解并理解生态正义的真正含义，同时还要舍弃自私自利的想法，让生态正义成为人类沟通的桥梁，让人类群体彼此排除疑虑，解除误解。

对于生态正义的偏执认识，是相应的认识主体故意坚持错误的认识方法和认识结论的表现。这种偏执的认识现象，往往是由于其背后的经济利益和政治利益的诱导发生的。而且对于生态正义的这一偏执的错误认识，也会直接导致其偏执的社会活动。比如，不计生态利益损害地打造政绩工程的现象；发达国家为了保护本国人民生态环境的健康，而故意将重污染、高消耗的产业，挪至境外欠发达国家或地区的事实；为了当下的物质享受，而不惜耗尽资源，也不论是否危及后代人的生存的现象。对于生态正义的偏执认识是可怕的。因为认识主体主观状态是明知的，对于这样的认识主体，是很难加以教育和改变的，这是人类自私自利的人格呈现，需要我们反复不断、不厌其烦地追加引导和感染，否则生态正义的价值实现进程，必然会被这样一群人所阻碍。

生态正义价值实现的主观困境，源于对于生态正义的不理解和不信赖。因此，诠释生态正义，就成为破解生态正义价值实现的主观困境的先决条件。生态正义的内涵，包括了生态经济下生态资源的分配正义、生态责任的公平分担；以人为本的发展经济和限制发展的生态正义的价值评价；反哺自然、回馈社会的生态补偿机制等内容。理解生态正义这一内涵，再把握生态正义设置的社会制度和法律规范的内容，通过教育、引导和建立情感的方式，培育社会全体成员的生态正义的理念，建立实现生态正义的社会文化环境，催生科技创新而带来的反哺自然的物质基础，坚定实现生态正义的全社会的信心，最终走出实现生态正义的主观困境。

6.2 生态正义价值实现的必要性

实现生态正义的目标是可行的。实现生态正义的目标也是十分必要的。生态正义务必要实现。因为人类对于生态正义的需要，主要来自于两个方面：一方面是，生态危机给人类带来的灾难和给人类社会发展带来的阻力，是有目共睹的，并且已经到了人类必须做出选择的境地；另一方面是，人类由于天生具有自利的特征，如果放任人类本能的选择，那么人类必定会为了谋求私利而彼此争斗，直至引发战争。所以生态正义的价值实现必须帮助人类建立有效的资源配给的社会秩序和生态责任承担秩序。也正因为如此，实现生态正义就成为了必要的、不可回避的人类社会的发展进程。基于人类对于生态正义的价值实现的紧迫需要，和人类对于自身缺点的了解，生态正义的价值实现的目标就被放到了各种社会制度下国家考虑的首要问题的位置上。

6.2.1 人类可持续发展的必然选择

联合国可持续发展大会早已将生态正义的价值实现问题，

作为全世界各国共同努力的目标。我国政府也将可持续发展战略，作为我国经济增长和社会发展的长期规划。可持续发展的问题，是当代人的发展需要和后代人的生存之间平衡的问题。可持续发展，也是关于代际生态正义问题的解决方案。而代际生态正义的问题，包含了种族的延续，也包含了人类文明的传承。代际生态正义的实现问题的研究，必然离不开种族的延续和文明的传承这两个方面。

6.2.1.1 延续种族的必然选择

所谓种族的延续，是指肤色是黑色、白色、黄色和红色人种的种族延续。种族的延续不分国家、不分地区、不分信仰，也不分贫富贵贱，这是全人类共同的问题，需要各个种族求同存异共同面对，共同解决。生态正义的价值评价，是人类之间的正义评价。生态正义的价值实现，需要全人类对于生态正义的共同认同和共同遵从。理解并坚守生态正义，需要让生态资源在人类社会内公平合理地分配，在种族之间公平的享有;需要保护生态资源，减少和防止任何掠取和破坏生态资源的行为再出现;需要评判任何危害种族公共安全的破坏生态的行为。让所有的违背生态正义的行为，都能受到公正的审判并付出高昂的代价。这样才能让不同肤色的人类，实现种族间的生态正义和种族生命的延续，以及种族文明的传递。生态正义理念的传播和认同，促进了生态正义的实现。生态正义的价值实现，帮助种族平衡彼此间的生态利益。生态正义的价值实现，帮助种族获得平等的生态权利。生态正义的价值实现，也对种族延续起到了不容忽视的重要作用。

6.2.1.2 人类文明发展的必然选择

人类文明的发展经历了千年万年之久，人类文明的高度发展使得人类进化成为现代社会的高智商的动物。同时，人类文明的发展也给人类生存的自然，打下了人类文明的深深的烙印。以古为鉴，可知兴衰。我们可以清晰地看到，人类文明的每一次进步，都使得人类赖以生存的自然付出了惨痛的代价。每一种新的科技成果的问世和应用，都加重了自然的伤痛。似乎人类文明的发展和生态系统平衡的维系，是水火不容、难以两全的事情。但事实上，人类文明的高度发展，让人类达到了较高的反哺自然的科技水平，也能够让人与自然的和谐统一这个目标，成为现实可行的目标。生态正义正是调和人类文明发展和生态系统维系之间矛盾的良药。规范人类行为，引导人类文明的理性发展，树立正确的自然观，伸张生态正义，这些都是人类文明可持续发展的良方。人类文明的可持续发展，离不开生态正义的价值实现。生态正义的价值实现，成为人类文明可持续发展的重要环节。

6.2.2 实现当代人社会正义的必由之路

在解决代际生态正义实现问题的同时，也不能忽视对代内生态正义实现的努力。生态正义对于当代人而言，实质就是追求代内生态正义的价值实现的问题，也就是寻求当代人在生态资源配置上的社会正义，和追求当代人承担生态责任的社会公平。将当代人群体按照民族、种族、宗教、地区、国家和利益集团等进行彻底的分离，是无法实现的。这是因为，我们总是处在某一时空内，既在这个民族内，也在那个种族内，也在这个国家内。所以，任何人都不可能彻底地被界定在某个特定的集体之内，也不可能与其他集体彻底剥离。因此，在这样的情况下，你既代表这个集体，也不代表这个集体；既存在于这个集体，也不在这个集体。所以，所谓的利益纷争都只是暂时的、片面的，根本不存在绝对不可调和的矛盾。认清了这个现实情况，当代人任何的利益群体的生态利益纷争都可以化解，那么实现人类共同的生态正义，也就不再是个难题。现在就只剩下人类个体之间的利益纷争解决的问题了。那么如何在人类个体之间架构良好的生态资源分配机制？如何追究人类个体的生态赔偿和生态补偿责任？相比之下这些问题的解决，要比实现人类不同群体之间生态资源的分配正义和生态责任分担正义，要容易一些。实现人类个体之间的生态正义，需要培育有效的生态正义下的资源分配机制和生态责任分担机制。让生态正义的价值实现机制发挥应有的调节和规范作用，并让所有的人类个体都能从情感上接受，并在理性上认可这个分配机制，并最终实现生态资源在当代人之间的分配正义，和当代人之间公平的生态责任分担正义。人类个体是人类群体的组成单元，人类个体的感受和反应经常可以汇集为人类群体的选择。生态正义让人类个体从生态利益纷争中解脱出来，生态正义也能够帮助人类群体解决生态利益矛盾。

6.3 生态正义价值实现的途径

生态正义价值实现是必要的，生态正义的价值实现是切实可行的。生态正义的价值实现，也是有路可循的。即使人类能够界定生态正义的价值评价的主体，能够将生态正义的价值评价尺度确定下来，能够坚定不移地信仰生态正义的理念，但如果没有完善有效的生态正义的价值实现机制，生态正义也根本不可能实现。可见生态正义的实现机制的确立，是多么的必要、多么的不可或缺。生态正义的价值实现机制的构建，首先需要明确机制内的各个要素，之后还要协调各个要素之间的关系，然后确定各个要素的运行方式，并最终界定各个要素的功能。

首先，生态正义的价值实现机制需要确定机制内的各个要素。生态正义的价值实现，需要确定生态正义的价值实现机制的制度制定者、制度运行者，以及制度的监督者和责任的追究者。生态正义的价值实现机制，是生态正义制度的功能实现和生态正义制度运行的体制保障。而生态正义价值实现的制度制定者，是通过行使行政权力来制定制度并推行制度的。同时各个国家的执政者，也是生态正义价值实现机制的运行者。各个国家的司法机关，是生态正义价值实现的制度的监督者和责任追究者。比如，一个国家要搭建一个完整的生态正义价值实现机制，首先，政府要制定生态正义的法律制度。当这一制度在全国通过行政体系和执法体系运行之时，生态正义的价值实现机制也运行起来。然后，由这一国家的司法部门监督机制的运行是否适当？是否规范？当有人违背生态正义的法律制度时，这一国家的司法部门就会对该行为主体进行责任追究，并让其承担应该承担的法律责任。虽然一个国家之内的生态正义的价值实现机制元素，可以如此界定，但是超越国境的国家之间的生态正义的价值实现机制，就很难轻易地建立起来。原因是只有凌驾于各个国家之上的绝对的权威，才能够让各国认同并接受其构建的生态正义的价值实现机制。

其次，生态正义价值实现机制，还需要把各个元素之间的关系捋顺，明确各元素的职责。同样是以一个国家为例，在现代三权分立体制的国家，立法权、行政权、司法权，各自独立并相互制衡。生态正义价值实现，正好可以依靠三权分立的行政体制，把实现机制内的要素和要素功能划分清楚。生态正义的价值实现机制，通过一个国家的立法机关制定并表达生态正义的社会法律制度。通过一个国家的行政体系，执行生态正义的制度。最后由该国家的司法机关，包括警察局、法院和监狱监督生态正义的价值实现机制的规范运行。当该国成员有违背生态正义制度的行为，就可以通过警察局、法院和监狱，让该国成员承担责任并付出代价。而国家间的生态正义价值实现，也需要详细的国际制度的构建，以及国际条约的约定与遵守。

根据生态正义的内涵，我们将生态正义的价值实现分为代内生态正义的价值实现和代际生态正义的价值实现。生态正义的价值实现的途径探索，是对生态正义价值实现的具体落实。只有通过对生态正义价值实现途径的研究，才会让生态正义的价值实现，从人类思想中的宏伟蓝图，变成惠及人类社会和自然生态的现实实践。一切理论研究的目的都是为了让它成为现实。生态正义的价值实现途径的研究，也是为了让生态正义成为人类社会的、实实在在的协调生态利益的实践机制。

6.3.1 代内生态正义的实现途径

代内生态正义的实现不能仅依靠某一个、或者某几个国家，或某个种族，某个民族单打独斗，代内生态正义必须依靠国家之间的协调与合作，以及各国法律制度的建设与连接，才能最终实现。

6.3.1.1 国家间的合作

生态正义的价值实现，需要国家之间的合作和行动的配合。然而在建立国家之间的合作框架前，让各个国家对于生态正义认同一致，这需要情感认同和教育认同的双重作用。只有让各个国家对于生态正义达到认同一致，才能够使得各个国家将实现生态正义的目标，内化成为自发自在的主观要求和客观行动。国家之间的合作，是各国的行为主体基于相互利益在总体的一致或者部分的一致的前提下而促成的。各个国家可以在生态利益领域协调一致地行动。国家间共同的生态利益，是促成国际生态合作的前提。国家间生态利益维护的合作，主要表现在国际生态问题领域内所进行的政策连接和行动协调。随着国家交往的频繁，国际合作的程度不断加深，合作的手段也不断提高。国家间的合作受到宗教、政治和贫富等因素的影响，要实现精诚合作，价值观的统一是必要的前提。然而，个人和群体的价值观是经过长期的积淀而形成的。千差万别的价值观，很难在短期内都调整为统一的价值观。并且在国家之间的合作过程中，难免有摩擦和分歧，如果处理不当，反而会造成合作关系的破裂。但是，生态正义不同于其他的社会价值，由于生态正义价值背负着人类的共同命运，所以生态正义价值能够最终促成国家间的合作。因此，要想实现国家之间充分合作，选取生态正义的价值观是明智的。生态正义的价值实现，既需要国家间的配合互助，还更需要各个国家做好长期努力的心理准备并保持极大的耐心。因为生态问题的解决和生态正义的价值实现在这个问题上的国际合作，是一个艰难的过程。为了生态正义的价值实现，而进行的国家间的合作，可以在官方和民间的两个渠道进行。官方的国家间的合作，由各个国家政府实施，各国政府在国际生态法律制度框架内，通过缔结条约或者以承认彼此制度规定的方式，从国家方面，用资金供给、技术支持或者人员互通的形式，集中各个国家的人力、财力和物力，让生态危机和生态利益纠纷问题能够及时妥善地处理。同时在生态问题解决的过程中，铺设国家间共谋生态利益、共负生态义务和共担生态责任的轨道，是有利于各国共同信守生态正义并促进生态正义价值实现的。还有一种国家间合作的方式就是国家之间的民间合作。自20世纪70年代以来，各个国家的绿色保护运动风起云涌，活跃在环境保护一线的各个环境保护组织，是各个国家的民间组织，是非官方资金、人员和物力的集合。这些来自民间的生态保护组织，是各国民众对于生态保护的热情和信念的凝聚。来自民间的生态保护交流和合作，要比政府间的合作难度要小些。由于排除了大部分的政治干扰，民间组织的国际合作，更加纯粹，也更加有效。通过组建国际民间团体，让各国的民间环境保护组织，在国际生态保护团体的带领下，在全球的生态利益维护的层面上，制定环境保护计划和国际生态纠纷调解机制，使得国家间的民间合作，能够为全世界人民的生态利益的保护和生态正义的实现，做出积极的贡献。

另外，国家间的生态合作，可以是多边合作，也可以是双边的合作。各国通过与共享生态利益的国家签订多边生态利益保护协议的方式，集中利益相关国家在生态保护和生态利益维护方面的经验和知识，从而开展更深、更广的生态保护和利益协调机制的合作。相比多边合作，毗邻国家之间的双边合作，更有针对性。毗邻国家，或者毗邻区域，由于存在直接的生态利益联结，因此，无论是生态权利，还是生态义务，毗邻国家都可以通过签订双边协定的方式，把各方生态权利明确，把双方应尽的保护环境、节约资源、对抗生态危机和承担生态责任的义务，界定清楚。两国之间的双边协定，能够及时有效地调节两国之间的生态利益纠纷和生态责任纠纷，并实现国家间的生态正义。国家间的官方和民间的合作、双边或多边的合作，通过科技合作、劳务合作、信息合作和国际生态政策的合作等途径，帮助各国缓解本国的生态危机，调节国家间的资源利益纷争。当代人的国家之间的生态正义、贫富群体的生态正义和种族之间的生态正义等生态正义的实现，单靠一个国家、一个种族、一个民族的努力，是远远不够的。而如果有国家间的通力合作，便会让代内生态正义的实现目标，更接近成功，并最终达到成功。

6.3.1.2 各国法制的建设和实施

再强大的思想也需要法律制度的支持和推进，一套完善的社会法律制度，正是帮助生态正义向社会公众传播和在人类社会的落实的有效保障。人类社会的法律精神和制度规则，既符合正义理论的律动，也描摹出了生态正义思想在当代的精神内核。法律在社会的宏观调控领域，赋予了政府执政之缨。政府是伸张生态正义的关键角色，只有政府主动地并且倾心于生态正义思想，才能积极斩断时代病根，并大刀阔斧地推进生态正义改革的执政之为。在社会的微观管理的空间内，政府依然别无推卸地担当了悉心呵护生态环境和理顺生态利益关系的理所应当的统帅。政府一边规范市场主体的经济行为，一边还要提示各个市场参与主体要减少污染，反对浪费，重复利用，回馈自然。生态正义的价值实现，需要各国政府生态责任的担当，也需要国家间的求同存异和积极配合的决心和勇气，更加需要切实可行的制度和规范的配置。当代人需要完善的社会制度和法律规范体系护卫其生态正义诉求的实现。

目前，各个国家彰显生态正义的制度规范，主要包括宏观调控制度和环境法律规范。宏观调控制度是国家掌控经济运行方向和推进社会发展的有力工具。通过计划、财政、税收和价格等内容，国家可以有效调地整任何对于生态环境和社会发展有危险的生态行为，并通过调节社会主体之间的利益关系，调配社会资源。国家通过调整产业结构，将危害生态环境的行业限制甚至取缔，直至实现生态正义。不同于国家的宏观调控制度和环境法律制度对于生态正义的彰显，往往是通过立法、执法和监督的过程实现的。环境法律制度更注重微观管理。宏观调控是一个国家行使执政权力的重要方面，在生态经济管理领域，宏观调控起到的作用，是调节经济的运行方向，保障社会再生产的协调发展。国家对经济的宏观调控，主要运用的手段是政策和法规。良好的政策、法规支撑了一个公正的制度体系。生态问题的解决，是关涉一个国家治理的重要内容，必定要通过国家法律制度的手段，才能更快捷有效地让生态正义得以实现，让人类社会生态秩序井然，让社会成员的生态利益都和谐共赢。比如，国家为了鼓励高科技、低能耗的产业发展，可以通过宏观调控法律制度降低该产业的市场准入的门槛，同时通过政府的产业发展计划，有步骤、有目的地吸引资金注入。另外，实施税收优惠政策，降低该产业的生产成本，最终让生态绿色产业能够在社会的发展中扎根立足。高新绿色产业的发展能够带动新的经济增长点，同时国家通过提高高污染、高消耗的产业的税率，把这些损害人类生态利益的产业逐渐淘汰。人类发展高新绿色产业的目的，是通过自己的努力降低人类对于自然的不良影响，同时积极地应对生态危机，为可持续发展战略的实施付出努力。另外，各国的环境法律制度也是支撑生态正义价值实现的关键内容。环境法律制度，是在人类的生态危机达到相当的危险程度，即已经达到了对人类的生存有威胁的程度，此时肩负起解决生态危机并实行有效的生态保护的法律制度。各国为了维护本国境内的生态秩序都制定了在本国境内行之有效的环境法规，比如美国的《国家环境政策法》(1969)、日本的《环境基本法》(1993)、德国的《环境责任法》(1990)、英国的《清洁河流法》(1960)、中国的《环境保护法》(2015)，以及刚刚出台的《大气污染防治法》(2016)。

除了各国的环境法律制度之外，为了调节各国之间的生态利益关系并落实各国的生态责任，国际环境组织和联合国环境规划署，也在治理水资源、森林、海洋、大气、土地和公域环境等各个方面，制定了一系列的国际环境保护法律制度。这些国际环境保护法律制度积极应对世界的共同主题的要求，即“生态保护”的要求，让世界各国通过采用这些新规则，协调各国人民的生态利益，规范各国人民的生态行为。世界的生态环境从来都是一个整体，在任何一个国家发生的环境问题都可能引发全球性的、不可修复的后果。因为世界上所有的水流都是相通的，所以日本福岛的核爆炸导致的核泄漏，使得日本海域受到严重污染的同时，也让其他国家受到了牵连。福岛第一核电站每天有超过三百吨的污水流入海中，随着海水的流动，核污染也带到了世界各地。中国黑龙江省、美国横须贺与厚木两个军事基地，还有世界上其他的国家和地区，都不同程度地受到了福岛核电站爆炸事故引起的辐射和污染的影响。海水和大气环流让日本福岛的核污染问题，成为世界各国的共同要应对的危机。事故告诉我们，任何一个国家，任何一个地域的污染，都不可能停滞在一隅之地。温室效应、生物种类大量减少、土地荒漠化和植被破坏等等，这些全球性的生态问题，单靠一个国家的治理，显然不能取得有效的结果。只有各个国家的环境法律制度和国际环境法律制度相互支持，才能让各国在更好地应对共同的生态问题的同时，承担起自己应该承担的生态责任，并从中获得公平的生态利益。因此，代内生态正义的制度保障，就是完善各国的法律体系和社会管理规范。

目前对于生态系统的保障，主要是通过制定并实行各类的环境保护法律法规实现的，而对于生态资源的分配和生态责任的追究，也可以通过环境法律法规来实现。人作为理性的人，与生态系统其他物种的本质区别在于，在谋求各自的生存发展的道路上，人类可以也可能采取积极的手段和方式向生态系统索取资源，也可以并可能，将这种索取，用积极的办法限制在合理的范围之内。人类不是被动地等待生态系统的资源分配，也不是消极地祈求生态系统在资源分配时能够给予正义。人类在繁衍发展中不断充实正义的内涵，并把生态资源分配的正义和生态责任分担的正义，扩充到了正义的范畴之内。在这里生态资源的分配正义，不仅是人类本身发展目标的追求，也是人类群体的生存目标的需要。在生态经济时代，人类已经开始谋求与其他物种的共同发展，希望与其他物种共享生态资源。人类开始在意生态系统的生产能力和恢复期限，并进一步意识到，没有其他物种的繁衍生息，人类也不能独存于世。相比较而言，其他物种在生态系统分配资源的时候，只是被动地接受，他们的正义不能由自己来伸张，只能依靠人类这种理性的物种代理自己的诉求。这就更加需要人类自我发展和完善，更加需要人类提高道德水平，需要构建生态资源分配正义和生态责任承担正义的诉求机制，最终促成人与生态系统，人与生态系统中其他生物种群之间的生态正义的实现。

6.3.2 代际生态正义的实现途径

如前文所述，倡导生态正义的价值评价，就是要建立一种人类对生态系统的赔偿和回报的评价制度。为了实现生态资源的分配正义和生态责任公平承担的正义，人类的社会体制需要设立以清偿债务的方式对生态系统进行补偿的制度。比如通过国家税收的方式，限制那些过度开采生态资源的产业发展的同时，用税收收入和生态责任基金清偿对于生态系统的“债务”，引导和鼓励社会中间力量，参与到对于生态系统的补偿和生态资源的分配正义维护的工作中等等。

6.3.2.1 国家税收的方式

税收是国家宏观调控的重要手段，也是国家调节经济结构、管理经济运行的有效方式。国家税收能够帮助执政者达到“厚此薄彼”的目的。一个国家的政府通过法律授予的权力，通过实施税收手段取得资金，取之于民，用之于民。国家可以通过税收征集到的资金，用于生态建设、解决废物回收、净化污染水源、用新能源替代传统能源、节能减排等等相关领域的技术研发和应用。如果把国家看作是行为主体，那么税收就是国家意志的体现。透过税收我们能够判断国家的政策倾向和管理重心，税收制度能够成为国家调整代际生态利益，建立代际生态秩序的重要手段。在代际关系中，当代人对于后代人的责任应该承担多少，虽然可以通过代际正义的技术评价尺度加以估算，但是如果没有具有法律效力的强制制度，即使有额定的生态责任，也不能有效落实到当代人身上。税收法律制度可以让当代人，无论是否造成生态损害，都要预先缴付税金。这样政府手中就有资金及时地处理生态问题，及时地处理由当代人造成的对后代人生态利益的侵害的修复问题。可见税收力量的强大，是其他任何行政手段都无法比拟的。税收能够给生态正义价值实现提供制度支持、资金支持和强制力支持，为代际生态正义的价值实现提供有力的资金保障。政府通过税收的方式，还可调节经济结构，通过对高资源消耗的行业征收重税限制其发展的同时，将所得税收收入用于补偿自然的项目研发和建设，促进生态补偿行业的发展。

6.3.2.2 生态责任基金的方式

如果说税收是实现代际生态正义的政府手段，那么设立生态责任基金则是通过民间的渠道积极应对由于资源危机、环境危机和生态责任危机而引发的当代人之间，和当代人与后代人之间的生态利益矛盾，以及接下来即将发生的一系列的连锁反应的问题。如果说税收是国家通过强制手段向社会征收税金的方式解决国家面临的生态相关问题，那么设立生态责任基金，则是民间的积极主动地承担起防治环境污染、生态危机应对和生态利益纠纷等问题解决的重要方式。生态责任基金，是当代人主动承担生态正义价值实现责任的积极表现。与投资基金不同的是，生态责任基金的用途是支持新能源、新技术的研发，受益的方式是通过新能源、新技术的应用而取得利益。同时在有紧急的生态危机和生态利益纠纷情况出现时，可以用积累的生态责任基金收益，做针对生态保护和资源循环利用，生态责任诉讼的补偿等的资金保障。生态责任基金的设立和政策运行，也需要完善细致的制度来规范。只有完善的制度规范，才能让生态责任基金的设立，生态责任基金的运行，和生态责任基金的支付，都能够有计划、有步骤地规范进行。也只有在生态责任基金运行顺利的情况下，才能发挥其补偿生态系统和调节生态利益纠纷的作用，才能鼓励更多的社会公众和社会团体，加入到主动承担生态正义的社会责任中来。

6.3.2.3 限制和补偿的治理模式

生态正义是人类种族延续的必然选择，而种族延续问题的实质，就是代际关系的问题。而实现代际生态正义，可选择“限制＋补偿”的治理模式。世界环境与发展委员会给可持续发展的含义做出了界定，而在可持续发展的含义中，还包含了“需要”的含义和“限制”的含义。在《我们共同的未来》(1987)中，“限制”的含义被界定为人类社会的发展和人类的生态行为，不能超过生态系统的负载定额的额度，也就是生态系统的负载能力，成为了人类生态活动的限制底线[①]。凡是超出限制范围的资源消耗的行为，就要被重罚，并让其付出比收益大数倍的活动成本，以此警示所有的社会成员，防范类似行为的重现。资源消耗的限制范围，不是任何人或者任何组织能随意界定的。人类的生态资源的消耗限制的范围，必须通过生态正义的制度评价尺度和技术评价尺度来划定。不同种类的资源，根据其现有数量和生存需求的数量，划定不同的可消耗的时空限制范围。

① 世界环境与发展委员会 编.我们共同的未来[M].王之佳，柯金良 译.吉林人民出版社，1997:20－25.

比如，木材加工行业，通过生态正义的技术评价尺度，划定一定区域内可以取用的木材数量，以及可以取用木材的时间，通过技术评价尺度掌握树林负载定额的数据限制每年的用料数量，一旦超过了数量的限定，就要通过生态正义的制度评价尺度来加以严惩。这样的限制不仅可以减少人类滥砍滥伐现象的发生，同时也可以促使企业技术创新，创造新的经济增长点，也避免了资源浪费和资源再生能力的破坏。其他行业也可采用类似的方法，比如汽车制造业，由汽车排放的二氧化碳造成的全球温室效应已经越来越严重，却少见任何国家限制燃油汽车的生产。以我国为例，PM2.5 空气质量超标情况越来越严重，2014 年 3 月在北京雾霾的笼罩下，全国人大代表和政协委员参加了人大和政协会议，2015 年、2016 年，仍然重复了之前的景象，大家对我国的空气污染状况表现出担忧，在各种空气污染治理的提案中，关于新能源汽车的提案受到了关注。随着我国 10 万元以下的国产燃油车的生产和销售越来越红火，这意味着私家燃油车拥有的门槛越来越低。随着购买和使用汽车的人越来越多，人均汽车保有量的持续走高，上路的燃油汽车越来越多，排放的废气也会更加增多。笔者认为，想解决这一问题，除了采用新型能源逐步取代汽油能源外，还必须同时对现有的汽车的生产和销售加以限制。比如可以限制生产 10 万元以下燃油汽车的数量，限制生产排放量过高燃油汽车的数量，提高燃油车购置税，限制家庭保有燃油汽车的数量，规定家庭燃油汽车尾气排放基准数。如此一来，尽管新能源汽车的研发和生产成本很高，企业也会不遗余力地把精力和财力，用于较少消耗和排放的新技术产品的生产上和研发上，而以家庭为单位的限制规定，也会让人们选择尽可能地不使用燃油车、少用燃油车、使用燃油排放少的车。这就是“限制”模式在实现代内生态正义和代际生态正义方面，所能达到的理想效果。

“补偿”是指所有的资源消耗行为都要补偿自然，回馈自然。人类对于自然的补偿，是在生态正义价值观的指引下进行的。具体的补偿主体，包括政府、企业、个人和非盈利社会团体。不同的主体承担的生态补偿的社会责任不同。政府承担的是国家宏观调控和公共管理的责任，在公共管理的领域，政府可以为了社会公众的生产和生活中的生态利益实现和生态纠纷的及时有效地解决，付出行动。政府行使公权力需要资金的支撑，尤其是对于生态的补偿更是需要雄厚的财力，才能兴建大型的环境保护的基础设施，才能吸引高科技人才投身到新能源开发与利用的研究领域中来，才能让人类不断推陈出新，化腐朽为神奇。除了政府之外，企业虽然以营利为目的，但是却也有不可推卸的社会责任。企业承担起社会的生态补偿的义务，既有利于社会的长远发展，也有利于企业自身生态文化的建设。企业是社会的动力来源，生态文明的建设，会因为企业的加入，让生态正义的价值实现和生态文明的传递充满力量。企业参与生态正义的价值实现的方式，可以是参与生态补偿基金投资的方式，并通过投资基金的方式回馈社会，回馈自然。企业也可以通过自主研发生态绿色产品，或者研发废物、废水和废气的回收处理技术或设备的方式实现对自然的回馈和对生态系统的反哺。每年根据企业所处的行业不同建立生态补偿基金，当哪个行业有生态问题出现时，通过行业生态补偿基金，对生态问题加以补救。在没有生态问题出现时，生态补偿基金，还可用于行业新技术的研发。与所有的社会成员一样，企业所担负起的生态义务，既是企业必须履行的义务，同时，也是企业使用资源、消耗材料而应该承担的、对自然回馈的、道义上的责任。企业只有担负起应尽的生态责任，才是对全体社会成员的公正，才是为生态正义的价值实现贡献力量的表现。像企业这样的营利组织都能为生态正义的价值实现尽心尽力，那么那些非盈利的社会组织，尤其是那些环境保护组织，就更加会为了生态正义的价值的实现和生态文明的兴旺，而竭尽心力。与政府不同，非盈利组织在行动时，只为组织的活动宗旨发声，并且其活动也不受到任何权力主体的影响。以环境保护组织为例，他们倡导节约能源，反对人类的过度挥霍资源；倡导保护环境，反对人类无视生态利益的生产。世界各国的非盈利社会组织，尤其是环境保护组织，都是由全心全意献身公益事业的有识之士所组成的，他们的确是实实在在为了人类社会的进步和全世界人类生态文明的发展，付出心力的社会楷模。在当代社会，这些非盈利的社会组织，往往引领了人类社会各种公益运动的发展，并且成为了这些公益运动的先驱。环境保护组织作为非盈利组织的中坚力量之一，他们为了人类的生态保护事业，和人类共同的生态利益的维护，发出最及时的呼吁，并开展最迅速的行动。环境保护组织正视了人类发展过程中违背自然规律而引发的环境污染、资源危机的问题。同时，为了呼吁人类保护自然、弥补过失，环境保护组织在全世界范围内进行广泛的宣传教育，让更多的人加入到保护自然的行列。环境保护组织的行动帮助人类认识自己的生态义务和生态责任，也让人类意识到自己是与生态系统中其他物种平等的生物。因此，大力扶持环境保护组织的发展，积极投身这些组织的环境保护活动，也是人类补偿自然的有效途径。人类之间的生态利益彼此相连，保护自然就是保护人类的生存。保护环境既是保护别人的生态利益，也是保护自己的生态利益。当然有很多历史遗留的生态问题，不能通过短期的重造和建设来改变现状，但是也不能放弃该问题的解决，这就需要全社会成员的众志成城的努力。比如生态社会基金，通过吸收公众的资金，长期的积累，同样也可以为代际生态正义的实现打下良好的群众基础和资金基础。广大的社会公众才是生态正义价值实现运动的洪流，任何社会活动如果没有广泛的社会公众的参与，那么再热烈的生态保护的呼声，最后也只能是销声匿迹，没了结果。

生态正义是人类在生态经济时代提出的价值概念，在面对资源匮乏、环境污染、生态利益矛盾而引发的一系列社会问题时，生态正义的价值实现有其历史性的必要，同时生态正义也有实现的客观和主观上的可能性。探寻了实现生态正义的途径之后，就需要呼吁更多的人关注生态正义，让社会成员更广泛地支持生态正义。只有在大家的群策群力之下，才能够让生态正义的理念深入人心，并发挥其调节生态利益纠纷的作用。总而言之，生态正义问题其根本就是人类的价值观的问题，在生态经济时代之下，人类是时候该革新自己的价值观了，是时候为全世界生态文明的建设和实现，彼此摒弃前嫌，精诚合作了。

结 语

在全球规模化的问题中，民族矛盾、种族歧视、经济制裁和人权压制等问题已经把人类搞得焦头烂额，然而生态问题却是当前人类面临的最为迫切的问题。人类的发展破坏了全球生态系统的平衡。生态危机与人类的战争不同，生态危机第一次将人类前所未有地连接在一起，让人类能够团结在一起共同解决由生态危机引发的一系列的社会问题。公平地分配生态资源和公平地承担各自的生态义务，赋予人类平等的生态权利，让人类公正地承担生态责任，这就是生态正义内涵的应有之意。生态正义的价值实现的问题，关乎当代，也影响后代。我们早已意识到生态危机的严重性，却仍然在解决问题的道路上踌躇不前，这不仅是因为全社会的生态正义价值观没有统一，也是因为很多人还没有认清生态问题解决的困境，同时也是因为根本没有找到解决问题的适当途径。

对生态正义进行价值评价研究目的是为实现生态正义打下理论基础，并启发人类价值观的革新。生态正义问题，是在一定的社会历史条件下形成的。生态正义的实质，是人类的生态关系的社会正义问题。在不同的生态关系中，人类所表现出来的意愿不同，其行为所产生的社会效应也不一样。对不同的生态关系中的生态行为和事件进行评价，是为了准确把握不同生态关系中的正确的评价路径。如此才能通过生态正义的价值评价，界定生态正义的价值评价主体，确定其评价行为，才能划定不同的生态关系中的生态正义的价值评价客体，运用正确的生态正义的价值评价尺度，对生态正义价值评价客体加以评价。在进行生态正义价值评价的过程中，探究生态正义价值评价主体的评价意图，和生态正义价值评价主体身后所代表的利益集团，研究生态正义价值评价尺度的主观影响和客观需要，阐释生态正义价值评价客体的反应，最终目的都是为了给生态的价值实现找到解决的办法。

回观人类发展的历史，可以清晰地看到人类的繁荣是以牺牲生态系统的其他物种，以及牺牲生态系统的生产和恢复能力为代价的。事实上，这种牺牲并不是人类发展的必然，人类可以和生态系统的其他物种共存共荣，这取决于人类的生态正义价值观的形成，成就于人类自身品格和制度的完善。毋庸置疑的是人类的生产活动和生活活动，给人类生存的环境和生态系统，造成了跨越国界、超越种族、辐射物种的严重的损害后果，而且这些损害已经严重影响了人类经济、政治、军事和外交等各个方面，前所未有地侵害了人类的生态利益，威胁了人类的生存机会，也打破了生态系统的平衡。尤其是由大面积的环境污染而造成的人类利益群体之间的生态利益纠纷，已经从局部的、区域的和短期的范围，演变为国际社会共同的生态利益纠纷。保护环境，维护生态平衡，协调不同人类群体的生态利益，同维护世界和平，保护人权一样，在全世界人民面前是同等重要的问题。因此，如何让人类认识到生态正义的重要性，如何评价和限制人类的生态行为，以减少人类对于生态系统的损害；如何既能维护当代人的生存权益和发展利益，又不会侵害后代人的生存选择和发展利益，已经成为国际社会共同面临的重大课题，也是当今世界各国人民所应该解决的首要问题。因此，今日的国际社会各个成员国家务必要在环境保护、共建生态正义的价值实现机制、界定生态正义的价值评价的制度评价尺度和技术评价尺度等方面互通有无、精诚合作、不懈努力，使得生态正义汇聚世界人民的共同愿望和共同的信仰，让生态正义成为人们共同的行动指南。

思想是行动的灵魂。生态正义的价值观，是实现人类社会可持续发展的思想指针。执政者统领时代思想，因此，革新执政者的价值观，更是时代变革和社会进步的必经之路。中国以及全世界人民，再也不愿看到以牺牲生态系统为代价的人类发展。我们清楚地知道，人类的生态正义价值观的培育是解决生态危机的根本途径。在生态经济之下，人类的生态正义价值观的形成和传承，需要完善的社会制度的支撑，也需要社会价值理念的变革和进步。可持续发展作为生态经济下生态正义的价值目标，对于世界生态文明的建设和发展具有深刻意义，对于全球人与自然关系的协调发展影响深远。

参考文献

A. 普通图书:

[1] [美]约翰・罗尔斯著. 作为公平的正义——正义新论[M]. 姚大志译. 上海:上海三联书店, 2002.

[2] [美]约翰・贝拉米・福斯特. 生态危机与资本主义[M]. 上海:上海译文出版社, 2006.

[3] [美]约翰・罗尔斯著. 正义论[M]. 何怀宏, 廖申白译. 北京:中国社会科学出版社, 1988.

[4] [英]戴维・佩拍. 生态社会主义:从深生态学到社会正义[M]. 济南:山东大学出版社, 2005.

[5] 丹尼尔・A・科夫曼. 生态政治:建设一个绿色社会[M]. 上海:上海译文出版社, 2002.

[6] [加]本・阿格尔. 西方马克思主义概论[M]. 北京:中国人民大学出版社, 1991.

[7] [德]卡尔・马克思. 资本论[M]. 北京:人民日报出版社, 2006.

[8] 中共中央马克思恩格斯列宁斯大林著作编译局. 马克思恩格斯全集[M]. 北京:人民出版社, 2008.

[9][德]阿尔贝特·施韦泽.对生命的敬畏[M].上海:上海世纪出版集团,2007.

[10][美]尤金·哈格洛夫.环境伦理学基础[M].重庆:重庆出版社,2007.

[11]曾建平.环境正义——发展中国家环境伦理问题探索[M].济南:山东人民出版社,2007.

[12]郑慧子.走向自然的伦理[M].北京:人民出版社,2006.

[13]余谋昌,王耀先.环境伦理学[M].北京:高等教育出版社,2004.

[14]胡海波.正义的追寻[M].长春:东北师范大学出版社,1997.

[15]何怀宏.契约伦理与社会正义[M].北京:中国人民大学出版社,1993.

[16]韩立新.环境价值论[M].云南:云南人民出版社,2005.

[17]李德顺.价值论(第二版)[M].北京:中国人民大学出版社,2007.

[18]孙正聿.哲学通论(修订版)[M].上海:复旦大学出版社,2013.

[19]姚大志.何谓正义:当代西方政治哲学研究[M].北京:人民出版社,2007.

[20]卓泽渊.法的价值论[M].北京:法律出版社,2008.

[21][美]约翰·贝拉米·福斯特.生态危机与资本主义

[M].上海:上海译文出版社,2006.

[22]叶平.环境的哲学与伦理[M].北京:中国社会科学出版社,2006.

[23][英]柯林武德.自然的观念[M].北京:北京大学出版社,2006.

[24]刘福森.西方文明的危机与发展伦理学[M].南昌:江西教育出版社,2005.

[25]余谋昌.自然价值论[M].西安:陕西人民教育出版社,2003.

[26][美]弗兰克·梯利.伦理学导论[M].桂林:广西师范大学出版社,2002.

[27][德]马丁·海德格尔.荷尔德林诗的阐释[M].北京:商务印书馆,2002.

[28]戴斯·贾丁斯.环境伦理学——环境哲学导论[M].北京:北京大学出版社,2002.

[29]孙正聿.超越意识[M].长春:吉林教育出版社,2001.

[30][美]霍尔姆斯·罗尔斯顿.环境伦理学[M].北京:中国社会科学出版社,2000.

[31][美]霍尔姆斯·罗尔斯顿.哲学走向荒野[M].长春:吉林人民出版社,2000.

[32][美]罗德里克·纳什.大自然的权利[M].青岛:青岛出版社,1999.

[33][美]蕾切尔·卡逊.寂静的春天[M].长春:吉林人民出版社,1997.

[34][美]丹尼斯·米都斯等.增长的极限[M].长春：吉林人民出版，1997.

[35]刘湘溶.生态伦理学[M].长沙:湖南师范大学出版社，1992.

[36][德]H·萨克塞.生态哲学[M].上海:东方出版社，1991.

[37][奥]弗·冯·维塞尔.自然价值[M].北京:商务印书馆，1991.

[38][美]唐纳德·沃斯特.自然的经济体系:生态思想史[M].北京:商务印书馆，1990.

[39]蔡拓.全球问题与当代国际关系[M].天津:天津人民出版社，2002.

[40]胡海波.正义的追寻[M].长春:东北师范大学出版社，1997.

[41][日]加藤尚武.资源危机——留给我们解决的时间不多了[M].北京:石油工业出版社，2010.

[42]贾中海.社会价值的分配正义——罗尔斯自由主义政治哲学批判[M].北京:中国社会科学出版社，2011.

[43]王立.平等的范式[M].北京:科学出版社，2009.

[44][美]彼得·S·温茨.环境正义论[M].上海:上海人民出版社，2007.

[45]蔡守秋.环境外交概论[M].香港:香港中华科技出版社，1992.

[46]孙道进.环境伦理学的哲学困境[M].北京:中国社会

科学出版社，2007.

[47]Neil Evernden：The Natural Alien ：Humankind and Enviornmet[M]. University of Toronto Press，1985.

[48]Deutsch，Karl W：Social Mobilization and Political Development[M]. American Political Science Review，1955.

[49] Andrew Light：Environmental Ethics[M]. Blackwell Publishing Ltd，2003.

[50] Holmes Rolston：Environmental Ethics ：Duties to and Values in Natural World[M]. Temple University Press，1998.

[51]Peter s. wenz：Environmental Ethics Today[M]. Oxford University Press，2001.

[52]David Pepper：Modern Environmentalism：An Intronduction[M]. London：Routledge，1996.

G. 期刊中析出的文献：

[1] 袁贵仁. 论马克思主义的公正观[J]. 求索，1992(04).

[2] 贺来. “以人为本”的社会发展观的哲学前提[J]. 哲学研究，2005(01).

[3] 孙利天. 生存论的态度与本体论的理解[J]. 社会科学战线，2001(03).

[4] 刘福森. 生态伦理学的困境与出路[J]. 北京师范大学学报(社会科学版)，2008(03).

[5] 刘福森. 新生态哲学论纲[J]. 江海学刊，2009(06).

[6] 何萍. 生态学马克思主义：作为哲学形态何以可能[J]. 哲学研究，2006(01).

[7] 王伯鲁.西部地区生态环境保护与建设问题探析[J].兰州铁道学院学报，2000(05).

[8] 肖显静.环境伦理学:走进还是走出“人类中心主义”[J].山西大学学报(哲学社会科学版)，1998(02).

[9] 李先悦.批判经济理性和重建生态理性——论安德烈·高兹对生态危机的新阐释[J].理论界，2014(06).

[10]董坡.气候变化对生态脆弱地区居民的影响——以罗尔斯正义论为视角[J].商品与质量，2012(04).

[11]陈学明.寻找构建生态文明的理论依据——评J.B.福斯特对马克思的生态理论的内涵及当代价值的揭示[J].中国人民大学学报，2009(05).

[12]陈学明.资本逻辑与生态危机[J].中国社会科学，2012(11).

[13]赵放.多重视角下的创新生态系统[J].科学学研究，2014(12).

[14]曾国屏.从“创新系统”到“创新生态系统”[J].科学学研究，2013(01).

[15]郎廷建.生态正义与生态文明——一个马克思主义哲学价值论的研究视角[J].内蒙古社会科学，2014(06).

[16]董慧.空间、生态与正义的辩证法——大卫·哈维的生态正义思想[J].哲学研究，2011(08).

[17]李咏梅.“控制自然”的意识形态批判与生态正义——威廉·莱斯的生态学马克思主义思想及其当代价值[J].哲学动态，2011(02).

[18]郎廷建.何为生态正义——基于马克思主义哲学的思考[J].上海财经大学学报，2014(10).

[19]李永华.论生态正义的理论维度[J].中央财经大学学报，2012(08).

[20]石晨.生态正义:资本逻辑的批判与超越——佩珀生态社会主义思想的启示[J].理论月刊，2014(12).

[21]李培挺.转型期组织生态正义研究:基于现代管理境遇视角[J].商业经济与管理，2015(03).

[22]任铃.马克思主义生态正义思想的多重向度及其现实关怀[J].南京社会科学，2014(05).

[23]陶火生.多元承认视野中的生态正义[J].东南学术，2012(01).

[24]赵玲.自然观内涵新解[J].哲学动态，2001(03).

[25]赵玲.论现代自组织生态自然观的实质[J].社会科学战线，2001(04).

[26]田会轻.论生态危机境遇中生态正义的实现[J].学术交流，2011(05).

[27]汪盛玉."生态正义"何以可能——生态学马克思主义生态文明观探析[J].贵州师范大学学报(社会科学版)，2014(05).

[28]罗小芳.论生态正义与自由主义经济学的矛盾[J].江汉论坛，2014(11).

[29]徐海红.历史唯物主义视野下的生态正义[J].伦理学研究，2014(09).

[30]袁祖社，董辉."公共精神"的高阶形态：走向"大共同体时代"的生态正义信仰[J].山东社会科学，2013(07).

[31]邵发军.《1844年经济学哲学手稿》的生态正义思想探析[J].岭南学刊，2012(05).

[32]陈爱华.恩格斯《劳动在从猿到人转变过程中的作用》的生态正义伦理思想解读[J].南京林业大学学报(人文社会科学版)，2013(03).

[33]钱秋月.生态正义在当代中国何以实现——兼论十五大以来党对生态理论的创新[J].西北工业大学学报(社会科学版)，2014(09).

[34]王胜华.生态学马克思主义视角下的生态正义诠释[J].贵州民族大学学报(哲学社会科学版)，2013(02).

[34]李仙娥，李顺军.国内外生态正义思想研究综述[J].商业时代，2013(12).

[35]肖祥，史月兰.区域生态文明共享的生态正义问题——基于泛北部湾的分析[J].广西师范大学学报(哲学社会科学版)，2014(12).

[36]肖祥.论区域生态文明共享的生态正义问题——基于泛北部湾的分析[J].伦理与文明，2014(07).

[37]廖正军.公平正义与城乡生态文明制度建设[J].经济研究导刊，2012(01).

[38]姜国凡.从生态正义到社会正义——现代文明生态转向的伦理学视域[J].河南社会科学，2012(06).

[39]刘海龙.生态正义的三个维度[J].理论与现代化，2009

(04).

[40]张莹莹. 社会正义视野下的"第三条道路"伦理观[J]. 福建论坛(社科教育版), 2010(06).

[41]李淑文, 李彩丽. 环境正义视域下生态文明建设的反思[J]. 前沿, 2012(08).

[42]董伟武. 超越现代性的"阿克琉斯之踵"——论全球性生态正义的实现[J]. 大连海事大学学报(社会科学版), 2014(02).

[43]曹芬. 论"生态正义"视野下的生态文明建设[J]. 才智, 2014(05).

[44]冯颜利. "首届全球正义论坛"探讨生态正义课题[J]. 西安石油大学学报(社会科学版), 2013(12).

[45]郎廷建. 生态正义的三重维度[J]. 青海社会科学, 2015(07).

[46]刘巍.《大瀑布》中的生态正义问题的思考[J]. 学理论, 2015(06).

[47]刘颖, 韩秋红. 奥康纳生态社会主义之正义观——生产正义亦或分配正义[J]. 当代世界与社会主义, 2012(12).

[48]何建华. 生态文明视野下环境正义的困境及其出路[J]. 伦理学研究, 2013(09).

[49]冯合国. 论生态文明之公平正义的伦理精神[J]. 生态经济, 2014(09).

[50]蔡永海, 黄进. 生态文明视域下环境正义的实现[J]. 环境保护, 2013(02).

[51]乔尼·亚当森，张玮玮. 西蒙·奥提斯的《反击》:环境正义、变革的生态批评及中间地带[J]. 江苏大学学报(社会科学版)，2013(10).

[52]叶海涛，吕卫丽. 从环境正义研究走向生态社会运动——析西方生态学马克思主义的最新发展趋向[J]. 东南大学学报(哲学社会科学版)，2015(03).

[53]方世南. 社会正义观:生态社会主义的核心价值观[J]. 阅江学刊，2014(08).

[54]付清松. 时空构造——不平衡发展——差异与正义——哈维基于过程辩证法的生态社会主义政治学图绘[J]. 现代哲学，2013(11).

[55]张苗苗. 生态文明中的公平正义探析[J]. 学术交流，2013(11).

[56]应小敏，傅守祥. 文化实践的制度正义与文化生态的动态平衡[J]. 探索，2014(06).

[57]廖小明. 马克思恩格斯思想进程中正义的进路及生态文明"观照"[J]. 贵州师范大学学报(社会科学版)，2014 (12).

[58]周墩耀. 试论代际正义[J]. 广西大学学报(哲社版)，1997(03).

[59]汪建明. 分配正义问题的实践视野与生态视野[J]. 广西社会科学，2012(12).

[60]田坤. 社会正义——生态社会主义的主要维度[J]. 兰州学刊，2012 (05).

[61]张曙光. 自爱·仁爱·正义[J]. 天津社会科学，1997

(06).

[62]马存利.气候变化视野中的生态脆弱地区的环境正义及法制保护[J].公民与法(法学版)，2013(01).

[63]袁红萍.生态移民迁入地的环境正义思考研究[J].环境科学与管理，2015(04).

[64]秘明杰，孙绪民.环境正义视角下的差别生态责任初探[J].齐鲁学刊，2015 (01).

[65]张海燕.和谐与正义:福斯特的生态道德观探析[J].求知导刊，2015(03).

[66]林丽婷，徐朝旭.正义视域下的生态科技观[J].阴山学刊，2014(02).

[67]张国军，谌臣安.发展正义视域下的生态文明建设探析[J].哈尔滨市委党校学报，2014(03).

[68]杨建玫.论欧茨的生态正义观[J].连云港师范高等专科学校学报，2015(06).

[69]杨娟.以环境正义看生态文明建设[J].法制与社会，2014(07).

[70]孙国华，郭华成.马克思主义法正义观初探[J].中国法学，1991(03).

[71]乐爱国.朱熹《中庸章句》对“致中和”的注释及其蕴含的生态思想——兼与《礼记正义·中庸》比较[J].鄱阳湖学刊，2012(01).

[72]杨通进.环境伦理学的三个理论焦点[J].哲学动态，2002(05).

[73]刘湘溶.论生态伦理学的利益基础[J].道德与文明，2001(05)

[74]傅华.建构“以人为本”的生态伦理学[J].北京行政学院学报，2006(05).

[75]邹传波.环境价值及其对技术经济分析影响的探讨[J].山东大学学报，2002(02).

[76]王续琨.环境伦理学的学科定位和发展趋势[J].自然辩证法研究，2007(05).

[77]苍靖.可持续发展战略与环境价值评价[J].技术经济，2003(02).

[78]陈飞星.论价值哲学和环境哲学视角中的环境价值[J].中国环境科学，2003(01).

[79]陈新汉.论哲学在当代价值论研究中的取向[J].上海财经大学学报，2003(05).

[80]段钢，沈玉龙.经济学的价值论传统及其复兴[J].河北经贸大学学报，2000(01).

[81]方冰.环境正义视野中的藏族牧区生态环境研究——以甘南藏族自治州玛曲县为例[J].中央民族大学学报，2010(04).

[82]方世南.环境哲学视域内的生态价值与人类的价值取向[J].自然辩证法研究，2002(08).

[83]高田纯.环境伦理与价值论——围绕自然的内在价值问题[J].上海财经大学学报，2000(04).

[84]帕特里克·D·墨菲，华媛媛.环境正义和生态女性主

义生存观在当代文学中的应用[J].山东社会科学，2014(01).

[85]何承耕.自然资源与环境价值理论研究述评[J].福建地理，2001(04).

[86]黄平，龚永安.提倡环境价值不能否定“以人为中心”[J].兰州学刊，2001(03).

[87]郎廷建.生态正义何以可能[J].马克思主义哲学研究，2014(10).

[88]刘平.劳动价值论的内在逻辑及其经济哲学蕴涵[J].北京大学学报，2000(03).

[89]李德顺.从“人类中心”到“环境价值”[J].哲学研究，1998(02).

[90]郑巨欣.为生态正义而管理设计[J].装饰，2014(08).

[91]郎廷建.论马克思的生态正义思想[J].马克思主义哲学研究，2012(10).

[92]刘於清.论“美丽中国”战略的生态正义意蕴[J].清远职业技术学院学报，2015(01).

[93]刘菲.浅析生态正义与环境保险制度[J].内蒙古科技与经济，2013(09).

[94]权麟春.刘禹锡生态伦理观视域下的生态正义[J].北华大学学报(社会科学版)，2015(04).

[95]杨赫姣，杨青山.儒、道传统文化对生态正义的推助[J].行政与法，2013(08).

[96]曾勇，蒲富永.环境价值评估方法[J].重庆环境科学，2004(02).

[97]赵翔.论环境律师生态正义的实现[J].云南大学学报(法学版),2014(07).

[98]张东光.环境经济综合核算体系及其借鉴意义[J].中国软科学,2003(08).

[99]张世秋.环境污染防治设施授权管理与政策探讨[J].中国人口、资源与环境,2003(02).

[100]韩婷,陶丽婷.生态正义视野中生态补偿路径研究[J].边疆经济与文化,2014(0l8).

[101]万光侠.建构科学的生态环境发展价值观[J].山东社会科学,2004(12).

[102]高放.论社会主义与自由[J].湖南师范大学社会科学学报,2004(01).

[103]鲁保邕.发展价值观探究[J].经济与社会发展,2003(10).

[104]孙道进.环境伦理学的本体论困境及其症结[J].科学技术与辩证法,2006(06).

[105]王续琨.环境伦理学的学科定位和发展趋势[J].自然辩证法研究,2007(05).

[107]傅华.建构"以人为本"的生态伦理学[J].北京行政学院学报,2006(05).

[108]陈学明.论生态社会主义者对当代资本主义的新反思[J].毛泽东邓小平理论研究,2006(01).

[109]易小明.论种际正义及其生态限度[J].道德与文明,2009(05).

[110]Carolyn Merchant，Radical Ecology. The Search for a Livable World [J]. New York，Rout ledge，Chapman & Hall，1992.

[111]David Pepper. Eco—— socialism：From Deep Ecology to Social Justice [J]. London and New York，1993.

[112]George Bradford. Toward a Deep Social Ecology [J]. Environmental philosophy，1993.

[113]J. B. Callicott，Animal Liberation. A Triangular Affair [J]. Ethics and the Environment，2001.

[114]John McCormick. The Roots of Environmentalism[J]. Re——claiming Paradise，1989.

[115]Tom Regan. The Case for Animal Rights[J]. Environmental Ethics，An Anthology，Blackwell，2003.

[116]Glotzbach，Stefanie；Baumgartner，Stefan. The Relationship between Intragenerational and Intergenerational Ecological Justice[J]. Environmental Values，2012.

D. **学位论文：**

[1] 陈若松.科学发展观的价值论思考[D].武汉：华中师范大学，2012.

[2] 方巍.环境价值论[D].上海：复旦大学，2004.

[3] 付康.发展价值的哲学研究[D].北京：中共中央党校，2012.

[4] 何艳.实践科学发展观的制度构建研究[D].上海：华东理工大学，2010.

[5] 齐亚红.消费正义[D].北京:首都师范大学,2008.

[6] 张斌.环境正义理论与实践[D].长沙:湖南师范大学,2009.

[7] 王羽.生态困惑的正义诉求[D].长春:吉林大学,2012.

[8] 魏森杰.马克思的分配正义思想研究[D].泉州:华侨大学,2008.

[9] 张卓超.环境正义问题理论研究[D].长春:吉林大学,2009.

[10]王艳.环境正义的伦理思考[D].北京:首都师范大学,2008.

[11]唐鹏.马克思主义实践的生态正义研究[D].西安:西北大学,2014.

[12]魏博文.生态正义的实践理性视角[D].西安:西北大学,2013.

[13]黄进.生态文明视域下环境正义的实现[D].北京:北京化工大学,2013.

后记

《生态正义的价值评价研究》一书是在本人的博士毕业论文的基础上完成的。本书是在生态正义理论完整研究的基础上，从价值论的研究角度提出的生态正义的价值评价研究问题。作为跨专业研究者，我的老师们给了我极大的耐心和真诚的帮助，结合我的法学专业背景，帮助我开展有效的学习和研究工作。吉林大学哲学社会学院科学技术哲学专业的老师们，用他们高尚的师德让我再次看到教师这个职业的光芒，用他们严谨的治学态度给我上了毕业前最为宝贵的一课。

在我的导师和各位老师的帮助和鼓励下，我最终圆满完成了专著的撰写工作，在此谨向对我的专著撰写工作倾注了大量指导的导师赵玲和给予我修改建议的吉林大学哲学社会学院的刘猷桓老师、王跃新老师、李为老师、李海峰老师表示衷心的感谢！

各位老师的倾情指导，催动了我日后继续在科学研究的道路上前行的不竭动力。能在各位老师的指引下完成专著的撰写，成为了我科研生涯的宝贵经历。

董岩

2016 年 12 月